素養導向之國小數學領域教材教法
量與實測

陳嘉皇　主編

林原宏　袁媛　游自達　著

五南圖書出版公司 印行

目　錄

圖表目錄

第一章

長度的概念與教學

袁 媛

　　量是與物體屬性測量有關的概念，學生在國小數學學習階段最先探討的物體屬性是「長度」。有關物體長度的屬性無所不在，例如：一個水桶的把手、高度、直徑（桶口的最大長度）及桶圍（水桶的外圍周長）均有長度的屬性，因此都可以加以測量。學生在未接受正式的長度概念教學前，已經具有不少與長度有關的感官經驗，建立在這樣的基礎上，學生逐步經由正式的教學活動發展長度概念。

　　本章先就長度的性質與學習、長度的認知發展加以分析，再針對國小階段的長度學習內容與概念發展加以探討，最後再提出長度學習的參考活動示例，並說明設計的理念。

第一節　長度的性質與學習

　　長度是一維空間的度量，通常用來描述一個物體的大小或是指兩端點之間的距離。當長度用來描述物體的大小時，是指這個物體在該維度最長的地方，例如：人的（伸展）臂長是指張開雙手臂後的長度（圖 1-1）。因此，若一個物體呈現曲線的狀態，則該曲線部分也有長度，其長度是指將該曲線拉直後（如果可以拉直的話），兩端點間的距離。

圖 1-1　手臂長度示意圖

長度具有下列特性：

一 可觀察

長度具有可觀察的特性，即探討一個物體的長度時，我們可以很明確地指出，它是從哪裡到哪裡。

二 可比較、分割及合併

因爲我們可以明確地指出長度在哪裡，因此兩物體的長度就可以加以比較；一個物體的長度可以加以分割（例如：繩子）爲數個較短的長度，而這些較短的長度也可以合併而和原來的一段長度一樣長。

三 可設定單位及測量

因爲長度具有可分割及合併的特性，因此我們可以用一個固定的長度作爲單位，進行物體長度的測量，以掌握一個物體是由幾個單位長度所合併而成，或物體可分割爲幾個單位長度。

四 可加性

每個物體的長度確定後，我們可以將物體旳長度加起來，如兩條繩子接在一起，形成一條較長的繩子；或每個物體以設定的單位加以表示，則物體的加總長度即爲這些測量數加總的結果。

五 可測的不變性（長度的保留性）

即物體不會因爲切割、形狀改變或位移而有長度的改變，如一條繩子（未有彈性）經捲收後的長度仍保持其原有的長度，不會因此而變長或變短；一條繩子切成多段，則多段繩子的長度和仍與原來的繩子一樣長。

第二節　長度的認知發展

因為長度具有可觀察及可測量的特性，所以它既是一種視覺量，也是一種感官量。學生在接受正式的長度概念教學前，已多具有使用長短或高矮進行溝通長度的生活經驗。一般而言，學生的長度概念會依據下列幾個階段進行發展：

一　長度屬性的覺知

雖然長度具有可觀察的特性，但學生需要透過環境中的各種事物察覺物體具有長度的屬性。例如：察覺鉛筆有長、長頸鹿的脖子有長（高度也是長）、水桶的把手有長（曲線有長）等。因此，學生是先知道東西有長度的存在，才能具體指認長度在哪裡，例如：先察覺鉛筆有長，再指認鉛筆的長是指由筆的末端（一點）到筆尖（圖 1-2）。

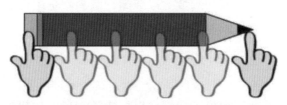

圖 1-2　筆的長度，指筆的末端到筆尖的距離

二　長度的保留

長度的保留概念是指物體的長度不會因為物體位移、形狀改變或分割而改變，這是長度複製、比較、測量活動的先備概念。在皮亞傑（J. Piaget）的保留概念研究中，學生先是同意兩根平行的筷子等長，但當著學生的面，將其中一根筷子移動或折彎後，不具長度保留概念的學生即會回應兩根筷子不一樣長，如果具有保留概念的學生則仍會說兩根筷子一樣長，也能說出它們還是一樣長的理由（例如：把筷子放回去，就一樣長；

或雖然筷子的一頭比較突出來，但另一頭是凹進去的）。

三 長度的比較

當學生能認識物體有長度的存在後，即能依據兩物體的共同長度屬性進行比較，以了解兩物體的長短關係。若被比較的物體有較大的長度差異，通常可以經由直觀的觀察而察覺兩物體的長短關係（如圖 1-3，可直接看出右邊的茄子比左邊長）。

圖 1-3　直接察覺兩條茄子有長短的不同

若不易察覺兩物體的長短關係，則可經由一些直接比較的策略比較兩物體的長度關係。在發展這樣的長度比較策略時，一般會經歷兩個主要的發展階段：

（一）某一起始點對齊的直接比較，再發展出包含比的比較關係

由於長度是兩端點間的距離，當進行兩物體的長度比較時，例如：比較兩個人的身高，我們會要兩個人背對背進行身高的比較，此時比較身高的兩個人是站在同一個水平高度上，也就是將代表長度的一端對齊，只要比較另一端（即頭頂的位置）即可得知誰高誰矮。因此，若無法由視覺直接判斷長度的大小，則必須在另一端對齊的情境下，較能進行物體長短的判斷。在鉛筆一端未對齊的情形下，有些學生有另一端突出，即認定該鉛筆較長的迷思，即在進行兩物體長度的比較時，學生會只用一個端點的位置進行兩物體長短的判別，而未注意到另一端點的位置關係（圖 1-4）。

圖 1-4　學生誤以為下方鉛筆右方較突出而判別下方鉛筆較長

圖 1-5　透過包含比來比較兩隻鉛筆的長短

累積兩物體長度的直接比較經驗，學生可進一步發展出包含比的直接比較策略，即由表示某物體長的兩端點都在另一物體的兩端點內，可直接獲知兩端點都在外面的物體較長（圖 1-5）。

（二）完整複製一個長度（例如：水桶的把手），再進行直接比較

對於無法直觀或直接比較的兩個物體，學生需要發展將一個物體長度複製的能力，以方便能對欲比的物體長度進行直接比較。例如：比較兩個人的頭圍，因為無法進行頭圍的直接比較，且若無法直接以視覺判斷兩頭圍的大小時，就需要利用繩子去複製兩個個別頭圍的長度，再利用複製頭圍長度的繩子去做長度的直接比較。

四 發展個別單位測量東西的長度

當一個物體的長度量不易經由另一媒介物（例如：繩子）進行完整複製時，學生需要發展一個長度量可以經由其他較小的長度量（稱為個別單位）去進行合成複製的能力，這包含等量（利用同一個別單位）或不等量

（利用不同的個別單位）的個別單位合成複製。在此，學生需要知道這些個別單位合成的長度和原物體長度是一樣的，在未發展出長度的保留概念前，有些學生會認爲數個個別單位的長度總和與合成複製的物體長是不一樣的。也就是說，學生需發展長度的保留概念，物體長度量的合成複製才會具有意義。

透過相同的個別單位去測量兩個比較物體的長度時，學生可以用獲得的數量去進行兩物體的長度比較。例如：用相同的鉛筆作爲個別單位，甲桌子是 5 枝鉛筆的長，而乙桌子是 6 枝鉛筆的長，因此知道乙桌子比甲桌子長。而對於同一個物體，當利用不同長短的個別單位去測量時，學生進一步需要知道個別單位愈長，則所測得的單位數愈小，即知道個別單位量大小與測量次數的關係。例如：用紅筆（12 公分長）去量桌子的長獲得桌子是 5 枝紅筆的長，若用黑筆（10 公分長）去量桌子的長，會獲得比 5 還要多的測量次數（6）。

五 常用單位（普遍單位）的認識

在發展使用個別單位表示一個物體的長度量時，學生會發現個別單位使用的不同，將使物體間的長度比較產生困難，或不能和別人有效地溝通物體的長度。例如：爸爸要小明去買一條鐵絲（爸爸的 5 個手掌長），並在電話中告訴他要買的鐵絲是 5 個手掌長，此時若是以小明的手掌長作爲個別單位，則買回的鐵絲可能是不夠長的。因此，爲了溝通長度及比較長度的方便性，需要引入公認的個別單位，即常用單位（或普遍單位）的認識。

在國小課程中，公分尺的長度測量工具通常會在個別單位的探討後引入，學生需知道公分尺的結構及利用尺作爲測量長度的工具。有關公分尺的認識及使用，學生需要知道 1 公分有多長，及尺上的整數數字代表從端點 0 至該數字所在位置的長度，例如：在進行鉛筆長度的測量時，必須將鉛筆的一端與尺上的 0 對齊，並確認鉛筆另一端點的位置，若另一端點位

於 8 的位置，代表這鉛筆的長是 8 公分。在使用公分尺進行物體長度的測量時，學生常常會出現兩個錯誤，一是以點算公分尺上的數字作為物體的長度（圖 1-6），另一則是未注意一端點要從 0 開始，直接以另一端點數字的報讀作為物體的長度（圖 1-7）。

圖 1-6　以點數 1,2,3,4,5,6,7,8 這 8 個數字得到鉛筆的長是 8 公分

圖 1-7　在一端不是由 0 開始，以報讀鉛筆末端的 10 作為鉛筆的長度

　　認識了公分單位及尺的使用，學生將逐步認識長度的常用單位（公尺、毫米、公里），並知道這些常用單位間的關係，以進行單位間的化聚及運算。學生會透過持續地操作及實測發展對各常用長度單位的量感，並由這些測量經驗建立對生活周遭各種物體的長度量感，並據以作為估測物件長度的個別單位，發展出估測物體長度的能力。

第三節　長度概念的發展與教材安排

　　長度概念的發展，主要是先透過生活周遭物體感知長度的屬性，再逐步發展如何測量長度及長度工具的使用，因此國小教材中，有關長度的概念發展，主要可以分為三個概念層次（感官層次、關係層次、結構層

次），其中，感官層次主要在發展物體長度屬性的覺知及指認；關係層次主要在發展對環境中不同長度的比較及單位量及單位數的關係；結構關係主要在發展對標準長度單位關係結構的理解、對長度公制單位及不同單位間互換關係的理解。有關長度教材的發展層次、活動重點及對應數學領域課程綱要內容，如表 1-1。

⟳ 表 1-1　長度教材的發展層次、活動重點及對應課程綱要內容

概念層次	活動重點	對應 108 數學課程綱要之內容指標
感官層次	透過生活中的物體，察覺哪些東西有長的屬性，並指認長度在哪裡。	**九年一貫：** 1-n-09 認識長度，並做直接比較。
		十二年國教： N-1-5 長度（同 S-1-1）：以操作活動為主。初步認識、直接比較、間接比較（含個別單位）。
關係層次	1. 透過感官覺知，直接比較物體長度（長度的直觀比較）。 2. 透過物體的端點位置的比較，進行長度的直接比較。	**九年一貫：** 1-n-09 認識長度，並做直接比較。
		十二年國教： N-1-5 長度（同 S-1-1）：以操作活動為主。初步認識、直接比較、間接比較（含個別單位）。
	3. 發展對一個長度量進行整體複製，以便能能透過整體複製的長度量做物體長短的比較。 4. 發展對一個長度量的個別單位合成複製（利用小的單位長度組合成全部的長度量），並以實測方法（數出數量）表示長度量。 5. 發展透過相同的個別單位合成複製物體的長度，並以其數量比較兩物體的長短。	**九年一貫：** 1-n-10 能利用間接比較或以個別單位實測的方法，比較物體的長短。
		十二年國教： N-1-5 長度（同 S-1-1）：以操作活動為主。初步認識、直接比較、間接比較（含個別單位）。

概念層次	活動重點	對應 108 數學課程綱要之內容指標
	6. 發展對單位量大小與測量次數關係的了解,即個別單位愈長(短),其測得的數值愈小(大)。	**九年一貫:** 2-n-13 能理解用不同個別單位測量同一長度時,其數值不同,並能說明原因。
		十二年國教: N-1-5 長度(同 S-1-1):以操作活動為主。初步認識、直接比較、間接比較(含個別單位)。
結構層次	1. 認識公分、公尺及其結構,並能以直尺進行物體長度的測量及進行長度的運算。	**九年一貫:** 2-n-14 認識長度單位「公分」、「公尺」及其關係,並能做相關的實測、估測與同單位的計算。 2-s-03 能使用直尺畫出指定長度的線段。
		十二年國教: N-2-11 長度:「公分」、「公尺」。實測、量感、估測與計算。單位換算。 S-2-3 直尺操作:測量長度。報讀公分數。指定長度之線段作圖。
	1. 了解毫米、公分及公尺的關係。 2. 了解 1 公尺及 1 公里的關係。	**九年一貫:** 3-n-12 能認識長度單位「毫米」,及「公尺」、「公分」、「毫米」間的關係,並作實測與相關計算。 4-n-13 能認識長度單位「公里」,及「公里」與其他長度單位的關係,並作相關計算。
		十二年國教: N-3-12 長度:「毫米」。實測、量感、估測與計算。單位換算。 N-4-9 長度:「公里」。生活實例之應用。含其他長度單位的換算與計算。

　　因此在設計與長度有關的教學活動時，主要是透過「察覺」、「比較」和「測量」活動，以逐步發展及建立學生對長度概念的理解及長度的量感。以下舉例說明長度概念發展的一些具體教學活動：

一 長度的察覺

　　雖然學生在未接受正式的長度概念教學前，已具有與長度有關的生活經驗，但尚未連結長度的意義，因此老師可以藉由這些非正式的生活經驗去引入生活事物中，長度屬性的察覺活動。例如：有一本繪本《國王的長壽麵》，講述一位喜歡什麼東西都很「長」的國王，他戴的帽子高高的、他的城堡高高的、國王城堡進城的路長長的、王后的頭髮長長的、士兵的矛長長的、動物的尾巴長長的等，這些被國王喜歡的東西都有長度，就是十分適合讓學生察覺「長度」的例子，可引導學生發現高度也是一種長度，及認識曲線的長度是指什麼。在教學活動的設計中，老師可以提供相同長度但顏色或粗細不同的原子筆，讓學生注意到長度的屬性，並知道長度和顏色、粗細等屬性無關。

二 長度的比較

　　有關長度比較的教學活動設計，會先由兩物體長度的直觀比較開始，這可以搭配長度屬性的察覺一同進行，例如：看到兩條大小不同的茄子，雖有粗細之分，但可以明顯地發現誰比較長，無須將兩物體靠近或利用長度複製進行比較。長度的比較活動需要讓學生察覺有比較的需求，因此製造長度比較的需求是教學設計的重點，例如：比較的兩物不是成直線狀並排或無法在同一空間進行兩物體長度的直接比較等。

（一）比較的兩物體不是成直線狀並排

　　一種情形是比較兩物有呈現彎曲狀，若彎曲物可能被拉直（例如：繩子），學生需了解可將彎曲物拉直，再進行兩物體拉直後的直接比較；若

彎曲物無法拉直（例如：水桶的把手），學生需知道如何進行該彎曲物的長度複製，再以複製的長度進行直接比較。在設計彎曲物的長度比較活動時，老師應讓學生有機會發現看起來長度相當的直線及曲線，曲線的長度會比直線長（如圖 1-8）。另一種情形則是如生活中，當鉛筆很長無法放入鉛筆盒中，學生會有將鉛筆斜放的經驗，這也可以讓學生有機會了解兩物的兩端點在同一位置時，斜放物的長度比較長。

圖 1-8　兩端點在同一位置時，曲線的長度比直線長

（二）兩物體長度無法進行直接比較

　　生活中，看到掛在牆上的畫（長和寬相當）、兩個房間內的書桌高度、搬家時能否把冰箱搬進門等，都是製造不能進行直接比較的生活實例。此時可引發需要進行物體長度量複製的需求，而複製長度需要整體複製或個別單位複製，則可視實際進行比較物體的長度來規劃。這也可以讓學生有機會了解如何有效地取用複製物（個別單位）進行物體間長度的比較。至於無法放在同一空間進行長度比較的情境，但有溝通長度的需求，則是引入普遍單位測量長度的良好時機，例如：每個人的手掌長不同，因此用個別的手掌長去描述一個長度量，可能造成困擾或問題；又買車票要規範一定的高度作為買半票或乘坐遊樂設施的高度標準等，如果能使用一個大家都能知道的長度溝通單位，則大家只需要利用相同的工具去進行測量或制定一致性的標準，即可以減少溝通上的困擾及麻煩。

▤ 長度的測量與長度量感的發展活動

　　學生需要透過實際操作及體驗活動以發展長度的量感，例如：透過實際操作活動，知道 1 公尺有多長，發展對 1 公尺的量感；經由測量物體長度的活動經驗，知道自己的手掌長大約是 15 公分、手掌握拳的寬度大約是 10 公分、打開手臂的長度大約是自己的身高、走一步大約是 80 公分等。有了這些測量經驗，學生可以進一步利用這些生活周遭的可用「工具」，進行其他物體的長度估測，例如：使用「一步長」估計教室的大約長度。因此，老師讓學生估測一段未知的長度即是不錯的學習活動。老師可以鼓勵學生利用身邊可得的長度量作為測量工具（手臂長、15 公分尺、腳步長等），判斷適合選用於測量的長度量（若公分尺量測操場長度即不合適），可以讓學生先做長度猜測，再利用實測進行驗證，能有助於學生將長度概念運用於問題情境的解決。老師也可以把估測的活動包裝成遊戲活動（饒見維，1996），例如：準備 8 到 10 件物品（從數公分至 2 公尺）及測量各種長度的尺，並發給做實測物品長度的學習單。老師每次拿出 1 個物品，呈現給學生看，讓學生觀察（不用尺）以估計該物品的長度並記錄在學習單中，等學生都寫好估計的長度，再請學生拿尺進行實際的測量。老師可以給一定的差距作為評估準確性的標準，最後以準確度最高次數的學生獲勝。

　　最後，我們期許學生在逐步發展長度概念的過程中，能應用這些能力發展成其數學素養。例如：一位身高約 130 公分的三年級學生到游泳池去游泳，當他看到泳池旁的高度資訊（100 公分或 150 公分），學生應能判斷到了 150 公分區，將會無法站立，且頭無法浮出水面（滅頂區），而站立在 100 公分區，水的高度可能在脖子位置，可以安全地站立，若以身高和水位高度發現自己無法安全地在滅頂區活動，則應做成不到該區的判斷。

第四節　長度學習活動示例與設計理念

壹、素養導向的長度教學設計理念

　　長度是國小量與實測主題最先教學的教材內容，本節提供兩個教學案例作為長度概念教學的參考。第一個例子示範長度屬性的生活察覺，並指導學生經由找到生活中有長度的物體、指認長度及複製長度的教學活動設計；第二個例子則是透過溝通長度需求的小故事，引入公分尺的認識，再示範如何進行公分尺進行測量的教學活動設計。

貳、教學活動示例

一 活動示例一

領域／科目	數學		設計者	袁媛
實施年級	一年級		總節數	本單元共 3 節（此為第一節教案）
單元名稱	比長短			
設計依據				
學習重點	**學習表現**	n-I-7 理解長度及其常用單位，並做實測、估測與計算。	**核心素養**	數-E-A3 能觀察出日常生活問題和數學的關聯，並能嘗試與擬訂解決問題的計畫。在解決問題之後，能轉化數學解答於日常生活的應用。
	學習內容	N-1-5(108) 長度（同 S-1-1）：以操作活動為主。初步認識、直接比較、間接比較（含個別單位）。		
教材來源	國小數學課本第一冊。			
教學設備／資源	蔬果、水桶、呼拉圈、繩子、小白板、剪刀。			
學習目標				
1. 能透過感官察覺長度。 2. 能完整複製一個物體的長度。				

教學活動設計		
教學活動內容及實施方式	時間	備註
一、引起動機 小朋友有陪媽媽去菜市場買過菜嗎？有沒有發現有些東西有不同的長短？（拿出實物或張貼圖卡） 看看這兩條茄子，哪一條長？哪一條短？你是怎麼知道的？茄子的長在哪裡？ 我們能夠比較東西的長短，是因為那些東西有「長」，所以我們今天要來認識東西的長！ 註：也可以先透過「國王的長壽麵」的繪本閱讀，讓學生發現國王喜歡的東西都有長。	5	1. 多準備一些可直觀發現長短不一的實物或圖卡，讓學生能透過感官察覺長度的存在。 2. 請學生指認長度在哪裡？
二、發展活動 **活動一：什麼東西有長？** 1. 拿出你的鉛筆，它有長嗎？它的長在哪裡？你比比看！ 2. 教室的黑板有長嗎？它的長在哪裡？ 3. 跳繩有長嗎？跳繩的長在哪裡？ 4. 水桶有長嗎？水桶的長在哪裡？ 5. 呼拉圈有長嗎？呼拉圈的長在哪裡？	10	1. 請學生指出鉛筆的長。 2. 請學生上臺指出物品的長。
活動二：長的整體複製 我們現在看得到這些東西，所以可以用手比，並指出東西的長是從哪裡到哪裡。如果別人看不到這個東西，你會怎麼告訴別人這個東西有多長？（請小朋友自由發表） 1. 我們可不可以把筆的長畫下來？請小朋友把自己的筆的長畫下來！ 2. 請你不要給隔壁的小朋友看到你的筆，用你畫的圖告訴隔壁的小朋友，你的筆有多長。	15	1. 發給小白板，請學生把筆的長畫下來。 2. 指定學生上臺發表他是怎麼畫的。 3. 請學生兩兩分享所畫的筆長。

如果不用畫的，我們還可以怎麼做？（如果前面已有說出，可以提出此想法）我們可以用繩子做出和筆一樣的長嗎？要怎麼做？ 1. 這條繩子和鉛筆一樣長嗎？ 2. 這條繩子和你畫的筆一樣長嗎？	5	1. 老師示範作法，再請學生做一次。
三、綜合活動 大隊接力的時候，我們會在頭上綁繩子。我們的頭有長嗎？（介紹頭圍的說法）你可不可以把頭圍的長指出來？那我們要怎麼知道頭圍有多長呢？老師要請一位小朋友來當模特兒，並用繩子把他頭圍的長做出來，你要注意看，回家請家人幫你把你的頭圍做出來。就像用繩子做出和鉛筆一樣的長，我們也可以用繩子做出和頭圍一樣的長喔！記得明天要把你做好和頭圍一樣長的繩子帶來學校。	5	1. 老師示範作法，讓學生回家請家人協助完成頭圍的複製。
第一節結束		

🟦 活動示例二

領域／科目	數學	設計者	袁媛
實施年級	二年級	總節數	本單元共 3 節（此為第一節教案）
單元名稱	量長度		

設計依據			
學習重點	學習表現	n-I-7 理解長度及其常用單位，並做實測、估測與計算。	數-E-A3 能觀察出日常生活問題和數學的關聯，並能嘗試與擬訂解決問題的計畫。在解決問題之後，能轉化數學解答於日常生活的應用。
	學習內容	N-2-11(108) 長度：「公分」、「公尺」。實測、量感、估測與計算。單位換算。 S-2-3(108) 直尺操作：測量長度。報讀公分數。指定長度之線段作圖。	核心素養

教材來源	國小數學課本第三冊。
教學設備／資源	直尺、1 平方公分方格。

學習目標
1. 理解公分尺的刻度結構並認識「公分」。 2. 能使用公分尺進行實測活動及報讀公分數。

教學活動設計		
教學活動內容及實施方式	時間	備註
一、引起動機 利用買東西的小故事引入使用常用單位的需求。 「爸爸要媽媽去買一條繩子，繩子的長度是 10 個手掌長，結果媽媽買回來之後，爸爸說太短了。媽媽說，我用我的手掌長量過了，是 10 個手掌長，沒有錯啊！」 與小朋友討論問題，並介紹公分尺。	5	1. 學生能說出爸爸媽媽使用於測量繩子的個別單位不同。 2. 為了要方便溝通一致的長度量，所以需要用一樣的測量單位。

二、發展活動

活動一：認識直尺

1. 請小朋友拿出直尺，請他們觀察直尺，討論看到什麼？
2. 拿出 1 平方公分方格排一排，引導小朋友看到每兩個數字間的長度都是一樣。
3. 老師說明直尺的結構及介紹 1 公分的長度。

10

1. 指導學生將 1 平方公分方格的邊長對齊兩個整數端點，使其發現每兩個數字間的長度都是一樣的。
2. 指出從 0 開始排，排到數字 6，需要排幾個小方格？

活動二：測量長度

老師示範利用直尺測量物體長度的方法，並準備學習單物件，讓學生進行測量練習及記錄測量結果。

12

1. 指出從 0 開始排，排到數字 6 需要排幾個小方格？說明正確使用直尺的方法（將尺的 0 對齊物體的一端點）。
2. 指出從 0 開始排，排到數字 6 需要排幾個小方格？透過點數 1 公分數獲得物體的長度。
3. 指出從 0 開始排，排到數字 6 需要排幾個小方格？可於多次練習後，引導學生發現物體另一端點數與測量結果的關係。

活動三：斷尺的測量

老師布一個斷尺的情境，並請學生討論如何知道物體的長度？

10

1. 指導學生經由點數公分數獲得長度。
2. 提醒學生不能只是看末端端點的數字作為長度測量的結果。
3. 不宜以直接宣告的方式告知學生有關斷尺長度的計算為兩端點數的相減，若要利用這個方式進行解題，也要

		強調算式中各數值所代表的意義。例如：上圖中，可用 10-3=7 獲得鉛筆的長度為 7。算式中，10 並不是端點數字 10，而是指由 0 到 10 的長度是 10 公分，減去的 3 是指由 0 到 3 的長度是 3 公分，所以鉛筆的長度是 10 公分的長度減去 3 公分的長度。
三、綜合活動 請小朋友說出直尺的用處，並強調使用直尺測量物體長度時，應注意的地方。	3	1. 強調長度測量是報讀公分數。 2. 強調利用直尺測量長度需將物體的一端對齊 0，再由另一端點的數值報讀長度。
第一節結束		

馬景賢（2020）。**國王的長壽麵（二版）**。臺北市：小魯文化。

饒見維（1996）。**國小數學遊戲教學法**。臺北市：五南圖書出版公司。

第二章

時間的概念與教學

林原宏

　　時間是在宇宙中持續運作流動的連續量，透過事物變動前後的狀態（例如：上課前和上課後），可了解時間的存在。時刻是指時間流動過程中的某刻度點的量值（現在時刻是上午 8 點 40 分）。時間難以透過感官了解它的存在，國小學生主要透過時間工具（例如：鐘面、手錶、日曆、月曆和年曆）來了解時間概念和意義。國小學生在未接受正式的時間教學前，在生活經驗中，已體會事物順序、週期和生活用語等時間前置概念。建立在這樣的生活經驗的基礎上，學生經由正式的教學活動，引入事物發生順序、鐘面和月曆等報讀和計算、12 時制和 24 時制的意義、時間的單名數和複名數的加減與乘除解題計算等。本章先說明時間的性質與學習、時間的認知發展，再針對國小學生時間概念的發展與教材加以探討，最後再提出兩則時間學習活動與設計理念以供參考。

第一節　時間的性質與學習

　　時間是描述事物變動狀態前後的所經過量，它是均勻流動的連續量且發生在事物變動當中。將時間賦予量化後，時刻是指時間流動過程中的某刻度點的量值。人類文化上時間的刻度定義是以天體相對位置變化的週期性來規範，到了近代是利用原子能階轉換的輻射之頻率來量測定義時間。

　　人類所觀察事物會發生的「先」、「後」改變有順序的現象，需要以時間的概念來描述。但時間難以利用視覺、觸覺等感官體驗它的存在，早期人類發明了可外顯且具均勻流動量的工具（例如：日晷、沙漏）來度量時間，直到近代發明了鐘錶、電子鐘等工具，可方便來觀察時間和時刻。所以，時間不是感官量，而是一種工具量。時間具有下列特性：

（一）連續動態流動性

　　時間是它是抽象存在的概念，動態且連續不間斷地在運行。例如：當

我們在學校上課的時候，時間是連續不間斷地運行。

（二）順序且不可逆

時間有先後的次序關係無法逆回，且事件的發生有順序性。例如：昨天已經過去了，我們無法把時空再逆回到昨天的場域。

（三）無法以感官客觀體驗

如果沒有透過物件的觀察，時間無法直接以視覺、觸覺等感官察覺它的存在，只能以「時光流逝」的心理，感覺它的存在。

（四）保留性且等時性（isochronism）

時間是連續量且具保留性質，用不同的時鐘工具測量事件開始至結束的時間都是一樣的。例如：一節課 40 分鐘，第一節課的時間和第三節課的時間是一樣的；而且學校所使用不同時鐘測量一節課的時間都是一樣 40 分鐘。

（五）依存於事物的狀態

人類透過觀察事物的改變，知道時間的長短和差距，例如：人類可以從觀察太陽位置改變或點燃一炷香知道經過多少時間，也知道太陽升起到下山比一炷香燃盡的時間長。

（六）週期性的量化

人類生活在地球環境需有規律的作息，可以很自然地知道時間可以週期性地描述。例如：今天和昨天都是一天，而且每一天都含有上午和下午；一天 24 小時，每天都有出現 8 點這個時刻。

第二節　時間的認知發展

　　時間的概念產生源自於觀察外在物件的變化以及適應環境，經驗的形成進而在心理的概念思維上形成了時間的知覺。時間認知的初始形成需有「順序」和「期間」概念，順序就是認識多個事物發生的先後發生順序，而期間就是指事物發生先後所經歷的時間間隔的概念（Fraisse, 1984)。學生約在 7、8 歲開始對事物的發生順序開始完整建構，8 歲以後可以學習週期性時間結構特徵。有關學生在時間的認識，有以下幾個重要概念：

（一）順序（order）

　　事物的發生有先後續且不可逆，例如：學生的生活經驗是先起床再刷牙洗臉。

（二）週期（period）

　　事物發生具有的模式與規律，例如：每天早上起床後吃早餐、星期一之後是星期二，以及每隔七天是一週。

（三）連續性

　　由於時間是連續量，事物從開始到事物結束的整個過程是連續的。但是當學生在感官知覺沒有運作的情形下，會認為時間是非連續的（靜止的）。例如：有些學生會認為在睡覺時，這時候時間是靜止的。

（四）時間（時間量、期間）

　　從某時刻到某時刻間經過的量稱為時間，例如：學生上一節課花了40 分鐘的時間。

（五）時刻

　　時間流動過程中的某點的量值，例如：上午 8 時 40 分開始上第一節

課，上午 8 時 40 分是時刻。

（六）時間單位

一段時間的量可被命名為一個時間單位，例如：年、月、日、時、分、秒。大單位的時間可分成等值的小間隔為單位，例如：把 1 小時分成 60 等分，每一等分是 1 分鐘。

壹、時間的概念屬性覺知與認知

皮亞傑（J. Piaget, 1969）認為學生在時間的認知，可分為物理時間（physical time）和心理時間（psychological time），物理時間是透過物件的視覺空間或運動改變來認識時間概念，物件的改變中，有連續（succession）、期間（duration）而產生對時間的意義。心理時間是指心理上對時間所產生的知覺，主要是從生活經驗中產生「時光流逝」的感覺，例如：學生上課到下課，隨著上課進行所留下的經驗形成了一節課時間的心理知覺。

Friedman（1982）從心理層面和社會層面觀點，提出經驗時間（experiential time）、邏輯時間（logical time）和傳統時間（converntional time）。其中經驗時間和邏輯時間屬於心理層面，而傳統時間屬於社會層面。經驗時間和 Piaget 提出心理時間類似，是指有關事物發生期間的主觀感知經驗，也是最原始的認知；邏輯時間則是觀察事物發生以思維邏輯推理而得的時間概念，和 Piaget 所提出的物理時間類似，例如：事物 A 比事物 B 較晚發生而且較早結束，那麼可以推得事物 A 所花的時間較事物 B 少；傳統時間則指的是社會文化共同約定的時間，用離散單位來分割時間量成為社會溝通的時間單位（例如：年、月、日、時、分、秒）。

學生在幼兒時期藉由諸多生活經驗，增進對於時間的覺知與認知，包括：

（一）感知到事物發生和結束時所產生的訊號（signal），例如：打

開電視看到螢幕亮起，開始看電視；關掉電視，螢幕變黑，結束看電視。

（二）感知事件發生的先後順序，建立時間先後順序的概念。例如：有了早上起床後吃早餐，再到學校與同儕玩遊戲的經驗，所以吃早餐的時間先發生，玩遊戲的時間後發生。

（三）經驗到事物從開始到結束是持續進行的，所以建立時間連續的概念。例如：和同儕開始玩球到結束，玩球活動是持續進行的，所以時間是連續的。

（四）從參與不同事物活動之生活經驗中，感知時間有長短。例如：喝一口水比吃一份早餐所花的時間較短。

（五）在生活經驗中了解多個事物發生的模式與規律，了解時間的週期性。例如：每次起床後吃早餐，知道每一天都有「起床後吃早餐」。

貳、常見的學生學習困難與錯誤

由於時間是工具量而非感官量，主要藉由記憶和經驗回顧以及觀察事物的變化來認識時間。但時間的生活用語和數學用語會發生混淆，易在時間工具（鐘錶、電子鐘等）的報讀和時間計算等有錯誤，說明如下：

一 不正確的感知時間的連續性和快慢

時間是連續進行且不因人類的感官是否在運作而受影響，年紀小的學生必須藉由感知事物變化而了解時間有先後順序和長短。所以有些年紀小的學生會認為睡覺時時間是停止進行（靜止）的，當處於快樂的時候會認為時間比較短，當處於難過的時候會認為時間比較長。

二 生活經驗和邏輯影響事物發生順序的判斷

判斷事物發生順序是認識時間的啟蒙概念，在事物發生當下，判斷發生順序並不困難，如果非發生當下，給事物發生排順序時（例如：一天的生活或做事情的場景圖片、文字描述情境等），必須依靠經驗與邏輯來判

斷。年紀較小的學生在這方面的能力較缺乏，以至於難以判斷事物發生順序。

三 難以了解一天開始的時刻

一天的開始是早上 0 時，這是人類社會的傳統時間所約定的。國小低年級學生在認識鐘面的撥鐘與報讀時，藉由鐘面了解一天的開始。但由於早上 0 時當下，正值睡眠時間，學生難以從生活經驗了解一天開始的時刻。也因此低年級的學生會根據自己的生活經驗，認為一天的開始是早上醒來的時候（可能是 6 點，也可能是 7 點）。

四 生活語言與數學語言的意義混淆

時間與時刻的用語會因鐘面的時針與分針認識過程，以及生活語言和數學語言而產生混淆。臚列說明如下：

(一) 鐘面時針與分針的語詞改變

剛開始進行整點、半點報讀時，由於此時沒有「時、分」的認識需求，所以「時針、分針」分別以「短針、長針」稱之，到了認識鐘面的時與分時，又改以「時針、分針」稱之。

(二) 時間與時刻的用語混用

就數學用語而言，小時、分鐘、秒鐘是指時間，時、分、秒是指時刻。但在生活用語上，時間和時刻的語詞和單位詞可以混用，例如：「坐車花了 3 時 40 分」、「現在時間是上午 8 時 40 分」都能達到溝通目的。

(三) 月曆日和週期日意義的混淆

月曆日是指點數月曆上的日期數，週期日是指經過的日數，這兩者會隨著情境而有所適用意義。例如：「爸爸從 3 月 10 日到 3 月 15 日參加旅

行團,問爸爸旅行總共幾天?」此答案是 6 天(數算月曆日);「爸爸從 3 月 10 日參加旅行團,是 6 天後回家,問回家那天是幾月幾日?」此答案是 3 月 16 日(數算 6 天週期日後)。

五 鐘面報讀錯誤

學生在鐘面報讀時,容易混淆時針與分針代表的「時、分」意義,或受時針與數字接近的視覺影響而報讀錯誤。例如:在圖 2-1 中,混淆時針與分針代表的意義時,會將「4 時」報讀為「12 時 20 分」;受到時針與數字接近的視覺影響,會將「2 時 55 分」報讀為「3 時 55 分」。

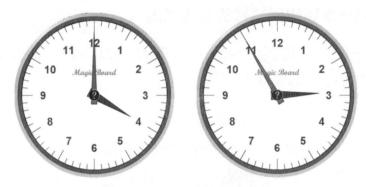

圖 2-1　常見的鐘面報讀錯誤

六 時間的化聚與計算有困難

時間的普遍單位並非十進位系統,而且化聚的進位系統也不一致,例如:1 日 = 24 小時,1 小時 = 60 分。所以學生在時間的化聚常有困難以至於計算錯誤,例如:誤認為「1 日 = 60 小時」、「1 小時 = 100 分」,所以在計算時產生「3 日 8 時 – 1 日 10 時 = 1 日 58 時」、「6 時 20 分 – 2 時 50 分 = 3 時 70 分」的錯誤結果。

七 鐘面刻度的心像與時間線段圖的表徵銜接有困難

學生透過撥鐘活動認識鐘面結構與時間單位的關係，然而鐘面的刻度並非其熟悉的線性刻度工具（例如：尺），而且撥鐘所花的時間並非等於撥出的時間量（例如：以5秒的時間在鐘面上撥出表示1小時的時間量），所以鐘面較難形成心像。其次，教學活動中的時間線段圖（含跨日與非跨日兩種），是將鐘面上指針的旋轉量轉成線性量，也因此在時間線段圖的表徵和意義的學習上，常有困難。

第三節　時間概念的發展與教材安排

由於時間是工具量而非感官量，較難利用感官來體驗時間的存在，直接比較和間接比較活動較沒有需求性，以普遍單位的工具的認識和應用為主，所以時間工具認識與應用的活動上較多。低年級學生的時間概念的發展從辨識事物的順序與週期開始，學習時間的日常用語（包括上午、中午、下午以及今天、昨天和明天）以及報讀鐘面上的「整點」、「半點」。「日」是學生生活經驗最多的週期性時間，學習在日曆、月曆和年曆工具上報讀「幾月幾日星期幾」和年、月、星期、日的關係，以及認識鐘面結構和時針分針並報讀「幾時幾分」。中年級的學生認識常用時間單位（日、時、分、秒）的關係、單名數和複名數的時間量加減計算，以及認識 12 時制和 24 時制和其關係。高年級的學生的乘除計算能力已熟練，學習時間問題的乘除計算問題類型。此外，高年級學生尚需學習和時間有關的速度概念和應用，時間化聚的知識也會影響速度的學習。

壹、時間概念發展的活動層次

學生從觀察事物改變和經驗回憶，了解先後順序和週期的時間先備

概念，在生活中認識時間用語，發展出個體與環境事物關係中的時間概念
感官經驗連結。其後再根據透過日曆、月曆年曆和鐘面工具，進而認識普
遍單位和時間工具的關係，最後學習時間工具上的結構意義以及應用於解
題計算。時間概念的發展可透過表 2-1 的三個活動層次，逐步引導學生理
解。此三個層次為：

（一）感官層次

從生活觀察與做事經驗中，透過感官和經驗回憶，了解先後順序以及
時間的長短，認識時間並建立時間和自身的連結（例如：做不同的事情所
需時間的長短、比較不同的人做同樣事情所需的時間）。

（二）關係層次

透過記錄事物所需時間之認識和比較的需求，了解時間工具（鐘面、
手錶、日曆、月曆和年曆）的功能以及事物所需時間長短，呈現在工具的
關聯性。

（三）結構層次

了解時間的普遍單位（月、日、時、分、秒）的化聚關係和計算。

⌂ 表 2-1　時間概念發展的活動層次

活動層次	活動重點	對應數學課程綱要之內容指標
感官層次	1. 辨識生活經驗的事物發生的順序與時間長短（快慢）比較。了解並使用生活中的時間用語來描述，例如：上午、下午、晚上以及昨天、今天和明天。 2. 觀察認識鐘面上的長針和短針設計，以及短針和長針的移動方式和移動量。	**九年一貫：** 1-n-08 能認識常用時間用語，並報讀日期與鐘面上整點、半點的時刻。

活動層次	活動重點	對應數學課程綱要之內容指標
		十二年國教： N-1-6 日常時間用語：以操作活動為主。簡單日期報讀「幾月幾日」；「明天」、「今天」、「昨天」；「上午」、「中午」、「下午」、「晚上」。簡單時刻報讀「整點」與「半點」。
關係層次	1. 了解時間工具的需求，根據年曆、月曆和日曆可以知道幾月幾日和經過幾日，從鐘面可以知道現在的時刻和經過時間。 2. 查閱年曆、月曆和日曆工具，報讀「幾月幾日星期幾」以及對應的事件（例如：四月四日星期二是兒童節）。 3. 連結生活中的事件與鐘面短針和長針位置（例如：上午晨光早自習，短針指著 8，長針指著 12）。	**九年一貫：** 1-n-08 能認識常用時間用語，並報讀日期與鐘面上整點、半點的時刻。 **十二年國教：** N-1-6 日常時間用語：以操作活動為主。簡單日期報讀「幾月幾日」；「明天」、「今天」、「昨天」；「上午」、「中午」、「下午」、「晚上」。簡單時刻報讀「整點」與「半點」。
結構層次	1. 認識鐘面結構，鐘面一圈有 12 大格，60 小格。時針走 1 大格是 1 小時，分針走 1 大格是 5 分鐘，走 1 小格是 1 分鐘。 2. 報讀鐘面上幾時幾分，給定「幾時幾分」時刻，在鐘面上撥出（短針和長針有連動設計）對應時刻並形成心像，了解該時刻 1 小時（或 2 小時）前、後的時刻。 3. 認識一年有十二個月、一星期有七天的週期性，在月曆上報讀了解某月有幾日。	**九年一貫：** 2-n-12 能認識鐘面上的時刻是幾點幾分。 2-n-13 能認識「年」、「月」、「星期」、「日」，並知道「某月有幾日」、「一星期有七天」。 3-n-13 能認識時間單位「日」、「時」、「分」、「秒」及其間的關係，並做同單位時間量及時、分複名數的

活動層次	活動重點	對應數學課程綱要 之內容指標
	4. 認識 1 日 = 24 小時、1 小時 = 60 分鐘、1 分鐘 = 60 秒的關係。 5. 同單位時間量加減計算,以及複名數加減計算(含退位與進位的計算)。 6. 了解 12 時制與 24 時制的意義和轉換。 7. 了解時刻轉成時間量的意義,以及進行跨午、跨日的解題計算。 8. 時間量的乘除解題。	加減計算(不進、退位)。 4-n-13 能解決複名數的時間量的計算問題。 5-n-15 能解決時間的乘除計算問題。
		十二年國教: N-2-13 鐘面的時刻:以操作活動為主。以鐘面時針與分針之位置認識「幾時幾分」。含兩整時時刻之間的整時點數(時間加減的前置經驗)。 N-2-14 時間:「年」、「月」、「星期」、「日」。理解所列時間單位之關係與約定。 N-3-17 時間:「日」、「時」、「分」、「秒」。實測、量感、估測與計算。時間單位的換算。認識時間加減問題的類型。 N-4-13 解題:日常生活的時間加減問題。跨時、跨午、跨日、24 小時制。含時間單位換算。 N-5-16 解題:時間的乘除問題。在分數和小數學習的範圍內,解決與時間相關的乘除問題。

貳、時間概念的活動類型

　　學生從觀察事物發生的順序和改變，了解時間的存在。在生活經驗中，察覺並體驗事物改變有快慢的現象，知道兩個時刻間的時間量有長短的意義。由於時間是工具量而非感官量，在初始認識時間的活動中，宜儘量從學生的生活經驗和感官經驗開始。學生在進入小學前，已有被告知時間的經驗或報讀時間工具的經驗。例如：被告知明天早上 8 點要從家裡出發或根據日曆、手機或電視媒體知道今天是幾月幾日。在生活作息中了解時間的週期性，例如：每天晚上 9 點要就寢。惟時間並非感官量，學生較難從感官建立時間量感，只能從生活活動經驗了解時間量感，例如：跑操場一圈需要多少時間？因此，時間工具的認識和應用，是時間學習的主軸。

　　在感官層次的活動中，主要透過回憶感官的經驗了解事物的順序、週期和快慢，觀察鐘面上的短針和長針的移動變化。在關係層次的活動，主要是認識時間工具所呈現的訊息和生活事件與經驗的關聯性。在結構層次的活動中，主要了解時間工具所呈現的時刻和時間量的轉換關係和結構。時間概念發展的活動，有下列類型：

一　體驗活動

　　時間的體驗活動，包括下列幾類：

（一）順序的體驗活動

　　根據事物的情境脈絡，了解有先、後之分別以及語言描述。例如：從一天生活的作息開始，先起床再準備上學。

（二）時間長短的體驗活動

　　根據事物的情境脈絡或生活經驗，了解時間量可比較長短。例如：上一節課的時間比較長，還是下課的時間比較長？

（三）時間週期的體驗活動

從生活經驗中，了解生活中的時刻與時間具有週期性。例如：每天上午 8 點 40 分開始第一節課、一星期有七天且週六和週日不用上學等。

貳 經驗回憶活動

由於時間稍縱即逝，難以留下可辨識的紀錄，在體驗活動中，常需要透過經驗回憶，所以學生從事不同活動的生活經驗很重要。例如：從家裡出發走路上學的時間、騎腳踏車繞公園一圈所需的時間，在經驗回憶的活動中可以了解時間量的長短。

參 時間工具結構的認識與報讀活動

生活中有多種時間工具，可呈現的訊息大約可分成短時間的「時、分、秒」工具（例如：時鐘）和長時間的「年、月、日」工具（例如：月曆）兩種。在國小數學教學，常見的時間工具有時鐘、手錶、電子鐘和日曆與月曆。學生需先學習工具的結構（例如：鐘面上的時針和分針鐘的移動關係）再進行時間工具的報讀（例如：根據時針和分針位置，知道幾時幾分）。

肆 時刻與時間的測量與化聚活動

時間工具可以用來測量時間（例如：鐘面從上午 8 時 40 分走到下午 2 時 50 分，總共經過了幾小時幾分鐘？），測量時間活動的過程是從操作（例如：撥鐘）到形成心像（例如：將鐘面形成抽象的鐘面圖示、時間線段圖、時刻或數值等）。其次，在了解不同時間量的關係後，不同時間量（日、時、分、秒）的化聚和單名數與複名數的表示，也是學生必須學習的。但由於時間量並非學生熟悉的十進結構（例如：1 日 = 24 小時、1 小時 = 60 分鐘），往往造成學生常見的錯誤。此外，12 時制和 24 時制的表示方法也是社會文化約定。例如：12 時制需以上午、下午或 A.M.、

P.M. 區分，24 時制只以 0 至 24 表示一天中的各時刻。

五 時刻與時間的計算活動

　　根據情境脈絡所給時刻或時間量的訊息和問題需求，必須進行計算。由於時刻並不是量，必須將時刻轉成時間量才能進行計算。例如：「小玉參加球隊練習，從上午 9 時 10 分開始，到上午 11 時 20 分，問小玉在球隊練習總共花了多少時間？」，此題 9 時 10 分、11 時 20 分都是時刻，必須先將時刻 9 時 10 分轉成上午 0 時 0 分到上午 9 時 10 分經過的時間量（9 小時 10 分），以及將 11 時 20 分轉成上午 0 時 0 分到上午 11 時 20 分經過的時間量（11 小時 20 分）。所以 11 小時 20 分 – 9 小時 10 分 = 2 小時 10 分。以複名數的直式計算可記成：

$$
\begin{array}{rr}
時 & 分 \\
11 & 20 \\
-\ \ 9 & 10 \\
\hline
2 & 10 \\
\end{array}
$$

　　此外，在計算活動中，如果有跨午、跨日的情境，會增加學生計算的困難。

參、協助發展時間的量感之活動

　　時間的量感宜與生活經驗或是事件連結，在事件經驗基礎上，形成事件經驗的時間量。要協助學生發展時間的量感的活動，可行的活動列舉如下：

一 累積經驗反思與心像

　　由於太長（例如：24 小時）或太短的時間（0.1 秒鐘）都不易協助學生建立時間量感，宜透過事件之適當時間量的經驗反思與心像，可以建立

時間的量感。可行的作法如下：

（一）透過固定時間量的生活事件以增加生活經驗事件與時間的關聯性，建立一段時間的心像。例如：讓學生知道學校上課每一節課是 40 分鐘的事實，透過一節課的經驗反思，了解這樣的事件歷程是 40 分鐘。

（二）透過不同事件始末的經驗反思，知道了時間的長短。例如：觀察自己平日洗澡前後的時刻，知道自己洗一次澡大約是花多少時間；觀察自己平日從家裡走到公園的出發和到達時刻，知道自己從家裡走到公園大約是花多少時間。比較自己心理感覺這兩個時間的長短，有沒有和實際的情形一樣？

（三）透過心理或身體動作等節奏，知道節奏所度量的大約時間量。例如：看鐘面秒針的移動一圈後，進行心理默數或拍手 1,2,3,4,...60，來了解心理默數或拍手所表示的 1 分鐘是否比鐘面 1 分鐘長或短；調整自己的心理默數或打拍子節奏，使得更接近 1 分鐘。

連結與推理影響時間的變因

能將時間的學習應用在日常生活中，是時間量感的展現。日常生活中影響事件發生的時間量長短的變因很多，能連結影響事件發生所衍生的時間量的差異和推理，是時間量感學習的一環。例如：家人平日開車去動物園大約需要 15 分鐘就可到達；但依據往昔假日人潮眾多的經驗，開車去動物園約需要多出 10 分鐘時間。所以，學生必須連結影響時間的變因——今天是否為假日，在預計到達動物園的時間下，推理出開車所需的時間以及出發時間。

第四節 時間學習活動示例與設計理念

壹、素養導向的時間教學設計理念

　　本章提出兩則活動示例，示例一是低年級鐘面報讀幾點和幾點半啟蒙學習，學生已學習事件的先後順序和時間長短概念，本節活動要認識鐘面結構和幾點與幾點半；示例二是中年級的 1 日是 24 小時、報讀 12 時制和 24 時制、時分秒化聚和時分的加減計算單元，本節活動主要學習 1 日是 24 小時以及報讀 12 時制和 24 時制。

貳、教學活動示例

━ 活動示例一

領域／科目	數學		設計者	林原宏
實施年級	一年級		總節數	本單元共 4 節（此為第一節教案）
單元名稱	認識幾點與幾點半			
設計依據				
學習重點	學習表現	n-I-9 認識時刻與時間常用單位。	核心素養	數-E-B1 具備日常語言與數字及算術符號之間的轉換能力，並能熟練操作日常使用之度量衡及時間，認識日常經驗中的幾何形體，並能以符號表示公式。
	學習內容	N-1-6 日常時間用語：以操作活動為主。簡單日期報讀「幾月幾日」；「明天」、「今天」、「昨天」；「上午」、「中午」、「下午」、「晚上」。簡單時刻報讀「整點」與「半點」。		
教材來源	自編。			
教學設備／資源	鐘、電子鐘、圖案、紙卡。			

學習目標
1. 連結順序概念和時間量長短經驗。
2. 認識鐘面結構。
3. 認識幾點和幾點半。

教學活動設計		
教學活動內容及實施方式	時間	備註
一、引起動機 1. 分組活動，每組一包材料圖卡（有些組的圖卡上至少有一鐘面圖示）。 　第一包圖卡：起床、吃早餐、上學、下課、放學。 　第二包圖卡：穿著衣服、準備出門、坐車、動物園、回家。 　第三包圖卡：準備游泳器材、穿著泳裝、暖身操、游泳活動、游泳完畢換裝。 　第四包圖卡：太陽日出（白鷺鷥巢中休息）、白鷺鷥飛出巢、白鷺鷥覓食、太陽下山（白鷺鷥成群飛回巢中）、晚上有月亮（白鷺鷥巢中休息）。 2. 各組討論並將這圖卡按照先後次順序排出來，上臺說說看，你怎麼知道的？ 3. 你是怎麼知道圖卡中的時間？ 4. 圖卡中有什麼工具用來看時間最好用？ 	10	請學生分組上臺發表。

二、發展活動

活動一：認識鐘面結構

1. 認識鐘面：這是時鐘和手錶。老師示範操作鐘面，各組操
   作鐘面（鐘面為短針及長針可連動的設計）。
   (1) 這些都是時鐘或手錶，說說看，鐘面上有什麼？
   (2) 較長的針是長針，較短的針是短針。
2. 較長的針是長針，較短的針是短針。
3. 看一看，轉一轉，哪一根針走比較快？哪一根針走比較慢？

活動二：報讀幾點

1. 上學的時候，短針指在哪裡？長針指在哪裡？這時候是（上
   午）6 點鐘。

2. 下課的時候，短針指在哪裡？長針指在哪裡？這時候是（上
   午）10 點鐘。

認識鐘面結構
要素及關係

3. 從 10 點鐘開始，長針走一圈，短針指在哪裡？長針指在哪裡？這時候是（上午）11 點鐘。

4. 游泳完畢換裝完後，短針指在哪裡？長針指在哪裡？這時候是（下午）3 點鐘。

5. 看圖撥撥看：　　　　　　　　　　　　　　　　　　　**25**
   (1) 白鷺鷥飛出巢是上午 9 點鐘，請你在鐘面撥撥看。
   (2) 白鷺鷥覓食是下午 2 點鐘，請你在鐘面撥撥看。

活動三：報讀幾點半

1. 吃早餐的時候，短針指在哪裡？長針指在哪裡？這時候是（上午）7 點鐘。

2. 上學的時候，短針指在哪裡？長針指在哪裡？這時候是（上午）7點半。

3. 吃早餐的時候是7點，上學的時候是7點半。從7點走到7點半，長針走了幾圈？

4. 到了動物園的時候，短針指在哪裡？長針指在哪裡？這時候是（上午）9點半。

5. 游泳活動的時候，短針指在哪裡？長針指在哪裡？這時候是（下午）2 點半。

6. 從 2 點半開始，長針走了半圈，短針指在哪裡？長針指在哪裡？這時候是（下午）3 點。

7. 看圖撥撥看：
   (1) 太陽下山（白鷺鷥成群飛回巢中）是下午 5 點半，請你在鐘面撥撥看。
   (2) 白鷺鷥飛回巢是下午 6 點半鐘，請你在鐘面撥撥看。

三、綜合活動

1. 說一說，在鐘面看時間，你會先看短針？還是先看長針？為什麼？
2. 找一找，當鐘面是 2 點時，短針指在哪裡？長針指在哪裡？2 點半的時候呢？

| | | 5 | 請學生發表，說出先報讀短針再報讀長針的原因（先報 |

3. 說一說，如何從鐘面是 2 點轉到 2 點半？再從 2 點半轉到 3 點？	讀大單位，再報讀小單位）。
第一節結束	

二 活動示例二

領域 / 科目	數學	設計者	林原宏
實施年級	三年級	總節數	本單元共 5 節（此為第一節教案）
單元名稱	時間		

設計依據				
學習重點	學習表現	n-II-10 理解時間的加減運算，並應用於日常的時間加減問題。	核心素養	數-E-B1 具備日常語言與數字及算術符號之間的轉換能力，並能熟練操作日常使用之度量衡及時間，認識日常經驗中的幾何形體，並能以符號表示公式。
	學習內容	N-3-17 時間：「日」、「時」、「分」、「秒」。實測、量感、估測與計算。時間單位的換算。認識時間加減問題的類型。		
教材來源	自編。			
教學設備 / 資源	鐘（時針、分針、秒針）、數字鐘、圖卡、時間線段圖。			

學習目標
1. 認識 1 日是 24 小時。
2. 報讀 12 時制和 24 時制。
3. 時、分、秒的化聚。
4. 時間加減（同單位時間量加減、無進退位的時和分複名數加減）。

教學活動設計		
教學活動內容及實施方式	時間	備註
一、準備活動 1. 分組活動，每組有一包材料圖卡（圖卡上有一鐘面圖示）、鐘面（鐘面外圍有不同顏色兩圈、每圈有 12 個刻度）、時間線段圖。	10	將生活事件與撥鐘

(1) 圖卡包含：凌晨睡覺（凌晨 0 時）、起床（上午 6 時）、吃早餐（上午 7 時）、上課中（上午 11 時）、中午用餐（中午 12 時）、打球（下午 4 時）、吃晚餐（晚上 7 時）、整理床鋪（晚上 9 時）、半夜睡覺（半夜 12 時）。

(2) 時間線段圖（上午、下午用不同顏色區分）：

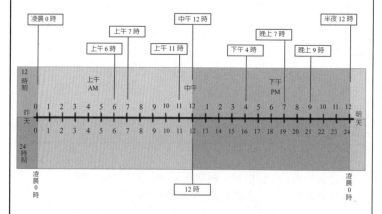

2. 請各組將圖卡放在對應的時間線段圖上方並撥鐘，上午的圖卡活動撥鐘一圈，放在時間線段圖上；下午的圖卡活動撥鐘一圈，放在時間線段圖上。

　老師說明：一天的開始是上午 0 時。

二、發展活動

活動一：一天有 24 小時

1. 分組活動，請各組觀察並根據撥鐘兩圈的結果，在時間線段圖上不同顏色的兩段。

連結，並將鐘面時刻對應到時間線段圖。

透過撥鐘認識一天有 24 小時。

一天可分成上午和下午。

15

2. 上臺說說看，一天當中有這些事。一天有幾小時，你是怎麼知道的？

3. 老師說明：一天有 24 小時，1 日和 24 小時一樣長，記做 1 日 = 24 小時。

4. 第一圈撥了幾小時，在時間線段圖的哪裡？第二圈撥了幾小時，在時間線段圖的哪裡？

5. 老師說明：凌晨 0 時到中午 12 時，稱為「上午」；從中午 12 時到半夜 12 時，為「下午」。

6. 請各組透過撥鐘觀察，老師說明：從凌晨 0 時到上午 6 時，經過 6 小時，是「上午 6 時」，從中午 12 時到下午 4 時，經過 4 小時，是「下午 4 時」。

活動二：12 時制和 24 時制報讀

1. 請各組觀察時間線段圖，老師說明：從凌晨 0 時到上午 6 時，用 12 時制表示是「上午 6 時」，從中午 12 時到下午 4 時，用 12 時制表示是「下午 4 時」。

2. 請各組觀察時間線段圖，「上午 6 時」用 24 時制是怎麼記的？「下午 4 時」用 24 時制是怎麼記的？

3. 請各組觀察時間線段圖以及數字鐘，說說看，AM 和 PM 表示什麼？

4. 老師說明：AM 表示上午，PM 表示下午，都是 12 時制的記法。

三、綜合活動

1. 我們今天讓各組撥鐘，也看到了時間線段圖。想想看，在時間線段圖上，1 日有幾小時？

10

了解 12 時制和 24 時制的意義和記法。

5

2. 想一想時間線段圖有兩段不同顏色，從凌晨 0 時到中午 12 時，稱為什麼？從中午 12 時到半夜 12 時，稱為什麼？ 3. 觀察時間線段圖，「下午 3 時」用 24 時制怎麼記？21 時用 12 時制怎麼記？ 第一節結束		

參考文獻

周筱亭、黃敏晃主編（2001）。**國小數學教材分析 —— 時間與速率**。臺北市：教育部。

周筱亭、劉君毅主編（2005）。**國中小數學教材與教學探討 —— 時間篇（二）**。新北市：國家教育研究院。

周筱亭、劉君毅主編（2005）。**國中小數學教材與教學探討 —— 時間篇（三）**。新北市：國家教育研究院。

Piaget, J. (1969). *The Child's Conception of Time*. (A. J. Pomerans, trans.). New York: Ballantine.

Fraisse, P. (1984). Perception and estimation of time. *Annual Review of Psychology*, *35*(1), 1-37. Friedman, W. J. (1982). Conventional time concepts and children s structuring of time. In W. J. Friedman (Ed.), The Developmental Psychology of Time (pp. 171-208). New York: Academic Press.

第三章

面積的概念與教學

林原宏

面積和其他的量一樣，是能經由感官具體經驗的一種感官量，特別是可以透過視覺產生量感的視覺量。面積和各種感官量的學習發展一致，學生也需由生活中的物體察覺面的存在，再發展面積的測量技能及相關概念。由於面積概念的發展會涉及基本幾何圖形面積公式的學習，因此其學習也會較其他的量更複雜一些。

本章先就面積的性質與學習、面積的認知發展加以分析，再針對國小階段的面積學習內容與概念發展加以探討，最後再提出面積學習的參考活動示例。

第一節　面積的性質與學習

有別於長度是一維的度量，面積是一個二維度量，指的是物體在二維空間所占有的範圍，即一個封閉區域內面的大小。產生封閉區域的線段（周界）將平面分為內部和外部兩個區域，線段如果沒有圍出一個封閉的區域（例如：有開口），則無法獲得面的具體範圍，因此就無法量測面積的大小。

面積具有下列特性：

一　可觀察

探討一個物體的面積時，我們可以用手去觸摸或覆蓋面的範圍，透過視覺觀察，可以很明確地指出面在哪裡。例如：我們說某人的臉是巴掌臉，即是他的臉（面）很小，用手可以覆蓋整張臉的意思。

二　可比較、分割及合併

因為面積是指封閉區域的大小，因此物體間的面積可以進行大小的比較。某物體的面可以經由較小的面加以合併鋪滿，或將其分割為幾個較小

的面；兩物體的面也可以經由合併而成為較大的面。

三 可設定單位及測量

因為面積具有可分割及合併的特性，因此我們可以用一固定面的大小作為單位，進行物體面積的測量，以掌握一個物體是由幾個單位面積所合併而成，或物體可分割為幾個單位面積。

四 可加性

由於每個物體的面積可經由設定單位面積量加以測量，因此當兩個面合併成一個較大的面時，其面積量可以經由兩個個別面積量的累加，而獲致合併面的大小。

五 可測的不變性（面積的保留概念）

即物體面積不會因為切割或位移而改變，如一個正方形切割後再拼成的圖形面積和原正方形面積一樣；將一正方形轉 45 度角後的圖形和原正方形面積一樣。圖 3-1 中，兩個相同的正方形，分別在不同位置挖去 3 個大小相同的小圓，兩個圖形剩下的面積是一樣的。

圖 3-1　減去相同面積的圖形面積仍相同

第二節　面積的認知發展

面積是指一個封閉區域的大小，它也和長度一樣，是可觀察及可測量的感官量，故學生的面積概念也會依據下列幾個階段進行發展：

一　面積屬性的覺知

面積是由一維延展至二維的量，學生一開始需由生活中察覺各種不同面的存在，例如：桌面、掛在牆上的圖畫、手機或平板電腦的螢幕等，發現這些東西有面可由手掌（或同具有面積屬性的東西）加以覆蓋。在生活經驗中，當學生被要求把東西放在桌面上，學生會知道東西是要放在桌面面板的範圍內，因此對「面」會有初步的掌握了解。一年級時，學生會有進行各種不同形體的分類，課程中，老師也會要求學生找到平平的面，並進行平面圖形的描繪。透過這些經驗，可以有助於學生了解面的存在及面是一種封閉區域的概念。

二　面積的直觀與直接比較

因為面積是指封閉區域的大小，因此可以加以比較，但學生常會把面積和形狀混淆，也容易受到物體的一維屬性而影響其面積大小的判別。例如：學生會認為長長的長方形面積比短小的三角形小。當兩個面積量的大小差異很大時，學生通常可以透過視覺的直接觀察，獲得面積大小比較的結果。若無法直接透過視覺感知兩物體面積的大小，學生可以將兩個面經由疊合的方式進行面積大小的直接比較，但這種比較只限於兩個比較量的其中一維有相同的長度，或兩個維度的長度都顯示較大的面積物都有較大的單一維度量（如圖 3-2）。

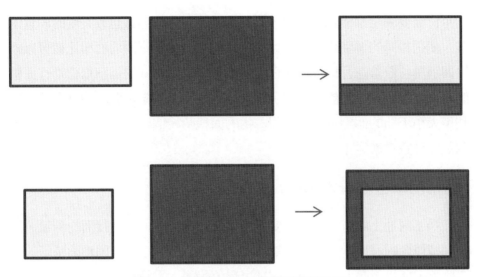

圖 3-2　可做直接比較的兩個面示例

三 面的複製及保留概念

並不是所有物體的面積比較都可以透過疊合方式進行，例如：固定掛放牆上的兩幅畫大小的比較。此時，也像長度概念的發展一樣，學生需要知道能透過完整複製欲比較的畫面，再進行兩畫面積大小的比較。因這樣的面積比較並不是透過原物體面的直接疊合比較，而是透過另一個媒介物（即複製面），因此是一種間接的比較方式。在發展面積的間接比較過程中，學生必須能接受這些複製的面積和原來的面積是一樣的，即具有面積的保留概念。只有當學生具有面積的保留概念之後，兩個面積的間接比較對學生才具有意義。

四 發展個別單位測量東西的面積

當一個物體的面無法進行完整的複製，此時和長度的合成複製一樣，學生需發展使用較小的個別面積單位去合成複製面。但面的合成複製較長度的合成複製複雜，學生必須注意個別單位不能重疊，也必須注意個

別單位需要完全鋪滿合成的面，而個別單位數量的點數也較長度的測量困難。使用相同的個別單位測量比較物的面積，兩個物體的面積比較可以經由個別單位數量進行比較。而在不斷地練習利用不同的個別單位進行面積的測量之後，學生也能發現個別單位的大小及測量數之間的相反關係，即利用大小不同的個別單位測量同一物的面積時，個別單位愈大，則所需的個別單位數量就愈小。

五 常用單位（普遍單位）的認識

　　為了溝通上的方便，有必要使用相同的個別單位去進行面的測量，因此面積概念的發展，最後也會是常用單位的認識和了解。因為面積是一個二維量，所以用長度去表現這個常用單位，學生需認識以邊長 1 公分的正方形作為測量面積的單位，並把邊長 1 公分的正方形面積大小稱為 1 平方公分，而邊長 1 公尺的正方形面積大小則稱為 1 平方公尺，配合較大長度單位的認識，學生能逐步發展較大的面積單位，如 1 平方公里，並透過這些常用單位的認識及關係的了解，慢慢地發展對面積量的量感。

六 發展常見圖形的面積公式

　　通常學生有足夠的個別單位測量面積的發展經驗，多能順利地發展利用平方公分板（或 1 立方公分積木）去鋪滿一個長方形，並進一步了解長方形的面積可透過其長乘寬獲得。但學生此時常會有一個迷思，會誤認為將個別的一維長度測量後的長度值相乘即為面積，即 5 公分（長）×3 公分（寬）= 15 平方公分。在這個解題歷程中，學生會忽略長度為 5 公分代表該維度可以放入 5 個 1 平方公分板，而另一長度為 3 公分代表該維度可以放入 3 個 1 平方公分板，因此全部是由 5×3 個 1 平方公分板所鋪滿，所以是 15 平方公分。

　　能利用長方形的長及寬去求得面積之後，學生則可以利用面可以分割及合併的特性去探討其他常見圖形（例如：三角形、平行四邊形、梯形）

的面積，利用簡單公式求算圖形的面積，最後再發展圓的面積公式。在圖形面積公式的探索及發展過程中，學生容易出現只記憶公式而輕忽概念的了解。例如：在發展以常用單位進行面積的測量及基本圖形的面積公式後，學生常常會出現面積與周長概念混淆使用的現象，特別是問題標示的邊長數量暗示了邊長或面積計算的資訊時，更易發生錯誤，例如：給定一個長方形，把其四個邊長都標示出來，並要學生求算面積，學生會誤把四個邊長加起來，並以周長的求算結果當作圖形的面積。

第三節　面積概念的發展與教材安排

　　面積概念的發展主要是先透過生活周遭物體感知面的屬性，再逐步發展如何測量面積及估測面積，因此國小教材中有關面積的概念發展，主要可以分為三個概念層次（感官層次、關係層次、結構層次），其中感官層次主要在發展物體面的覺知及指認；關係層次主要在發展對環境中面積大小的比較、單位量及單位數的關係、等積異形及圖形面積關係；結構層次主要在發展對標準面積單位關係結構的理解、對面積公制單位及不同單位間互換關係的理解。有關面積教材的發展層次、活動重點及對應之課程綱要內容，如表 3-1。

⊅ 表 3-1　面積教材的發展層次、活動重點及對應之課程綱要內容

概念層次	活動重點	對應數學課程綱要之內容指標
感官層次	1. 探索生活中的物體的面。 2. 透過肢體動作（例如：塗抹活動、覆蓋）知道面積測量的範圍。	**十二年國教：** N-2-12 容量、重量、面積：以操作活動為主。此階段量的教學應包含初步認識、直接比較、間接比較（含個別單位）。

概念層次	活動重點	對應數學課程綱要之內容指標
		九年一貫： 2-n-18 能認識面積。
關係層次	1. 提供可透過視覺判定或可直接疊合兩個面的物體，進行比較（直接比較）。 2. 透過覆蓋活動描述被覆蓋面的大小或利用切割與重組，點數面積量，並進行物體面積的間接比較。 3. 估測一未知面與已知面的大小關係（發展常用的個別單位大小）。 4. 探討一個圖形可以切割重組成另一圖形，但其面積不變（保留概念及等積異形）。 5. 透過平方公分板對長方形的覆蓋或拼排活動，理解求算長方形面積的方法。 6. 將常見的基本圖形透過切割重組的方式形成已能求算面積的圖形，從圖形間的面積關係，發展求算未知圖形的面積公式。	**九年一貫：** 2-n-18 能認識面積。 3-n-18 能認識面積單位「平方公分」，並做相關的實測與計算。 4-n-18 能理解長方形和正方形的面積公式與周長公式。 5-n-18 能運用切割重組，理解三角形、平行四邊形與梯形的面積公式。 6-n-14 能理解圓面積與圓周長的公式，並計算簡單扇形的面積。 **十二年國教：** N-2-12 容量、重量、面積：以操作活動為主。此階段量的教學應包含初步認識、直接比較、間接比較（含個別單位）。 S-4-3 正方形與長方形的面積和周長：理解邊長與周長和面積的關係，並能理解其公式與應用。簡單複合圖形。 S-5-2 三角形和四邊形的面積：操作活動與推理。利用切割重組，建立公式並能應用。

概念層次	活動重點	對應數學課程綱要之內容指標
		S-6-3 圓周率、圓周長、圓面積、扇形面積：用分割說明圓面積公式。求扇形弧長與面積。
結構層次	1. 認識 1 平方公分作為測量物體面積的常用單位。 2. 認識較大的常用面積單位，培養對各常用面積單位的量感及以常用面積單位估測面積的能力。 3. 透過單位量的轉換理解兩常用單位間的換算關係。	**九年一貫：** 3-n-18 能認識面積單位「平方公分」，並做相關的實測與計算。 4-n-17 能認識面積單位「平方公尺」，及「平方公分」、「平方公尺」間的關係，並做相關計算。 5-n-17 能認識面積單位「公畝」、「公頃」、「平方公里」及其關係，並做相關計算。
		十二年國教： N-3-14 面積：「平方公分」。實測、量感、估測與計算。 N-4-11 面積：「平方公尺」。實測、量感、估測與計算。 N-5-12 面積：「公畝」、「公頃」、「平方公里」。生活實例之應用。含與「平方公尺」的換算與計算。使用概數。

面積概念主要係透過覆蓋活動進行，教學時需提供學生豐富的探索、操作、點數、切割、重組與比較活動。以下針對主要的教學活動進行說明：

一 認識面積活動

學生在認識基本幾何圖形的單元後，通常已經能掌握「面」的存在。在一年級透過立體形體的分類活動後，他們能辨別平面和曲面的不同，並從將立體形體的面描繪下來的活動，初步認識面。老師可以設計一個蓋住面的活動，讓學生體會一個「面」可以經由覆蓋的方式進行測量。例如：老師準備 A4 大小的畫框，請學生幫它的底面貼上漂亮的貼紙或色紙，請學生幫忙一起看看要用幾張色紙或貼紙才能覆蓋。在活動中，老師需強調將紙覆蓋的地方就是面的大小，而在覆蓋的過程中，紙張間必須密合（不能有縫隙）且不能重疊。如此，學生也能經驗用「多少張紙」可以鋪滿，知道面的大小可以用一些「單位」（小張的紙）來加以測量，並用這些單位的數量來說明這個面的大小（即面積）。

二 面積保留概念

因為面積保留概念是面積間接比較的基礎，因此老師可以設計活動，讓學生發展圖形的等積異形概念。例如：請學生把一張正方形色紙剪成兩部分，再拼成一個新的圖形貼在白紙上，請學生展示作品，再請學生討論變形後的圖形和原來的正方形色紙一樣大嗎？為什麼？使學生能掌握面經由切割及重組的形變後，其面積並未改變。

三 兩面積量的比較

透過面的覺察及覆蓋面的活動後，學生可以發現面有大小。在發展學生比較面積量的活動方面，也和其他感官量的比較活動一樣，可以提供許多可供比較的情境，讓學生發展比較面積量的策略。例如：有些面

的面積大小可以經由「看的」或「直接將兩個面疊合」就得到比較的結果。而為了發展間接比較的策略，老師可在學生具有面積保留概念後，提供沒有辦法進行面積直接比較的情境，例如：比較兩張長方形紙張（約12cm×10cm 和 13cm×9cm）的大小，這兩個長方形看起來大小差不多，且即使疊合也無法比較出大小。此時，學生可以發展先把圖形疊合，把不同的部分剪下來，再做比較的策略。另一個例子，則是提供無法進行疊合及切割面的情境，例如：比較嵌在牆壁上的兩幅壁畫（約 85cm×65cm 和60cm×90cm）的大小，此時老師可以引導學生討論如何解決面積比較的問題，拿大張的紙剪成和壁畫一樣的大小，再利用疊合及切割來比較出面積的大小是好方法，或是像在認識面活動中的面的覆蓋活動，此時也是引入個別單位的好時機。

四 個別單位的點數

因為面的覆蓋需滿足無縫隙及無重疊的要求，因此很自然地以方形格子去做覆蓋面是一個好的中介物。老師可以設計活動，讓學生透過不同的個別單位（例如：圓形、手掌、長方形和正方形）去覆蓋一個長方形的圖形，讓學生討論使用什麼個別單位去覆蓋較方便，並可進一步探索較大的個別單位所需的單位數較少。但利用一個一個的方格去覆蓋面較費時，因此在面上打上方格再進行點數，或利用已打好方格的透明片覆蓋於面上，去進行格子數的點數即是老師要引導學生發展的面積測量策略。老師可先提供能利用整數格子填滿面的問題，讓學生直接進行點數格子數去獲得面積的計數結果。接下來，老師可以提供圖形含非整數格的問題（如圖3-3），讓學生有機會去討論如利用補償去獲得較精準的面積測量結果。圖 3-3 之（甲）雖含有不完整的方格，但可以經由半格與半格合成一格的方式去點算面積，但圖 3-3 之（乙）則不易由完整互補的方式去求算。這兩種例子都適合作為點算個別單位的例子，至於兩種例子出現的順序則沒有一定，甲例可以較精準地算出面積，而乙例則初步提供如何利用面積互

補的策略去估算面積，因此也較容易建立面積估測有誤差的概念。

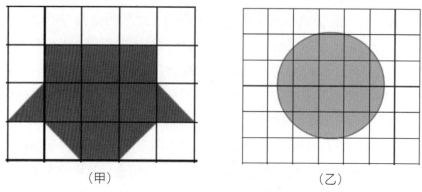

（甲）　　　　　　　　　　　　（乙）

圖 3-3　不規則圖形的面積求算

五 面積測量活動

　　為了溝通上的方便，使用相同的個別單位去進行面的大小測量是引入常用單位的時機。當學生累積了使用方格子計數面積的經驗，老師可以正式引入常用的面積單位—平方公分。在引入面積的常用單位（平方公分）後，提供長方形圖卡且其邊長為整數公分數進行面積估測是較好的活動，並據此發展長方形的面積求法。此教學活動宜先讓學生能將平方公分板排放在長方形內，再請學生測量長方形的邊長，以連結邊長及平方公分板個數的關係，接著提供一個長方形圖卡，問學生是否可以只量出長方形的長和寬的長度，就能算出其面積？此時並不是在引出長方形的面積公式，而是要學生能經由邊長及平方公分板個數的關係，學習經由利用乘法求算平方公分板個數來取代一一點數的策略。若學生有困難，老師可以提供一些提示，如圖 3-4，協助學生利用長度去求算長方形的面積。

　　在學生對長方形面積的求算已有相當的了解之後，老師可以提供學生探討長方形面積與周長的關係。學生常會認為面積愈大的長方形也會有較大的周長，因此老師可提供各種不同面積及周長的長方形圖卡，並引導學

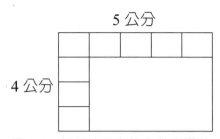

5公分

4公分

圖 3-4　提示邊長與格子數的關係

生從等面積但周長不同的長方形，或等周長但面積不等的長方形中，經由
探索發現以打破此迷思。

六 面積量感的建立活動

　　學生在進行常用面積單位的換算時，很容易發生錯誤，因此課室中
安排適當的活動，使學生能掌握各常用單位的大小，即是十分重要的。例
如：生活中，我們知道拇指的大小約 1 平方公分、一張報紙的大小約 1 平
方公尺。老師可以拿出 1 張 1 平方公尺大小的紙，再請學生站到紙張內去
感受 1 平方公尺的大小。但像平方公里這樣的大單位，對學生而言是比較
難以掌握的，因此教師可以連結學生所熟悉的環境大小，讓學生對大的單
位有一些參考依據。例如：利用 Google 地圖圈出學生所熟知的環境中，
1 平方公里的範圍在哪裡？當然，要發展學生具有面積量感，老師應提供
許多估測的活動，請學生先估測猜猜看有多大，再由實測活動去確認，多
能引起學生的學習動機及興趣。例如：估估看，黑板有多大？籃球場有多
大？不是坐在教室中，聽著老師的講解說明及解題，而是走出教室，帶著
測量的工具及裝備，實際探索與實作，以逐步建立面積的量感。生活中，
我們會說某個面約為 3 個足球場大，此時足球場就是某被測面積的個別單
位，而足球場之所以用來作為個別單位，是因為在溝通時，溝通者認為足
球場的大小是大家所熟知的，因此能掌握某個面的大小。

第四節　面積學習活動示例與設計理念

壹、素養導向的面積教學設計理念

　　面積是面大小的測量結果，學生係透過覆蓋面的活動逐步建立面積的概念。本節提供兩個教學案例作為面積概念教學的參考。第一個例子示範平方公分板的認識及利用平方公分板測量面積，並進一步引導學生運用乘法簡化長方形面積點算格子數的計算方式；第二個例子則是示例常用單位「平方公尺」的認識及面積量感的建立活動。

貳、教學活動示例

■ 活動示例一

領域／科目		數學	設計者	袁媛
實施年級		三年級	總節數	本單元共 2 節（此為第二節教案）
單元名稱		用平方公分板算面積		
設計依據				
學習重點	學習表現	n-II-9 理解長度、角度、面積、容量、重量的常用單位與換算，培養量感與估測能力，並能做計算和應用解題。認識體積。	核心素養	數-E-A3 能觀察出日常生活問題和數學的關聯，並能嘗試與擬訂解決問題的計畫。在解決問題之後，能轉化數學解答於日常生活的應用。
	學習內容	N-3-14 面積：「平方公分」。實測、量感、估測與計算。		
教材來源		國小數學課本第六冊。		
教學設備／資源		直尺、平方公分板。		

學習目標		
1. 能透過平方公分板進行面的實測。 2. 能在平方公分板上用乘法簡化長方形面積的點算。		
教學活動設計		
教學活動內容及實施方式	時間	備註
一、引起動機 在上一節課中，我們學到用 1 平方公分的小方瓦去排放在長方形的便利貼上面，再算出總共用了幾個小方瓦，就知道便利貼的面積是幾平方公分。 可是，如果每次測量面積的時候都要用小方瓦去排，是不是很花時間呢？今天我們來認識一個能用來幫助我們點算圖形面積的小工具—平方公分板。 同學們拿出附件，並注意觀察一下，你看到了什麼？	5	老師示範小方瓦拼排長方形圖卡及點數面積，並拿出平方公分板貼在黑板上，板書平方公分板。
二、發展活動 **活動一：認識平方公分板** 請學生拿出平方公分板，請他們觀察平方公分板，討論看到什麼？ 老師提問： 「平方公分板上有什麼形狀的方格？每個方格都一樣大嗎？」 請學生拿出直尺量一量，並請學生用方瓦比較看看，請學生確認平方公分板上的每一個方格都和小方瓦一樣大，都是 1 平方公分。	5	1. 指導學生了解平方公分板的構造，並確認每一個小正方形都是 1 平方公分。 2. 學生能知道平方公分板能作為測量面積的工具。
活動二：利用平方公分板測量面積 老師示範利用平方公分板測量圖卡的面積，再請學生練習。	10	1. 提醒學生將平方公分板正確地放在圖形上，平方公分板的邊最好能在圖形的邊上。 2. 學生應能感受使用平方公分板進行面積測量較方便，並能說出理由。

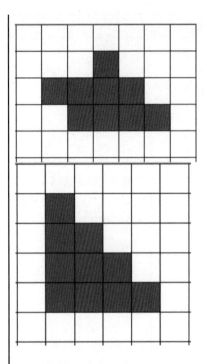

示範及練習點數後，老師提問用這樣的方法和排小方瓦的方法，哪個工具比較方便？為什麼？

活動三：利用平方公分板測量長方形的面積
老師拿出一個長方形紙卡，請學生利用平方公分板測量面積，並請學生發表如何點數平方公分板上的方格數？

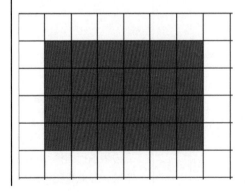

15

1. 鼓勵學生說出各種不同點數方格數的方法。
2. 請學生說出喜歡各種方法或不喜歡的理由，建立利用乘法點算長方形面積的方法。
3. 本單元強調乘法算出格子數，不是教長方形的面積公式。

方法 1：一格一格點數，一共有 24 個 1 平方公分，所以是 24 平方公分。

方法 2：先數一排有 6 個，再數有 4 排，所以 6×4 = 24。面積和 24 個平方公分格一樣大，所以是 24 平方公分。

方法 3：先數一排有 4 個，再數有 6 排，所以 4×6 = 24。面積和 24 個平方公分格一樣大，所以是 24 平方公分。

這些方法都可以算出格子數，你喜歡用哪種方法？為什麼？

練習一下：
提供一個較大面積的圖卡，並請學生利用平方公分板測量長方形的面積。

確認學生能用點算每一排的個數及排數的乘法計算方式算出長方形的面積，若學生仍以點算方式解題，則鼓勵其利用乘法計算方式求算。

三、綜合活動
請學生說說看今天學到了什麼？並提示學習的重點與交待回家作業。

5

1. 認識平方公分板，每一個正方形格子都是 1 平方公分。
2. 將平方公分板蓋在圖形上，可以作為測量面積的工具。
3. 用平方公分板測量長方形的面時，可以用乘法計算格子數，簡化點算的程序。

第一節結束

▣ 活動示例二

領域 / 科目	數學		設計者	袁媛
實施年級	四年級		總節數	本單元共 3 節（此為第一節教案）
單元名稱	1 平方公尺有多大			

設計依據				
學習 重點	學習表現	n-II-9 理解長度、角度、面積、容量、重量的常用單位與換算，培養量感與估測能力，並能做計算和應用解題。認識體積。	核心 素養	數-E-A3 能觀察出日常生活問題和數學的關聯，並能嘗試與擬訂解決問題的計畫。在解決問題之後，能轉化數學解答於日常生活的應用。
	學習內容	N-4-11 面積：「平方公尺」。實測、量感、估測與計算。		
教材來源		國小數學課本第八冊。		
教學設備 / 資源		1 平方公尺大小的海報紙及百格板數張。		

學習目標
1. 能理解 1 平方公尺有多大。 2. 能知道 1 平方公尺 = 10,000 平方公分。 3. 能對生活中的面，進行估測及透過實測建立面積量感。

教學活動設計		
教學活動內容及實施方式	時間	備註
一、引起動機 我們知道邊長 1 公分的正方形面積是 1 平方公分，它是我們用來測量面積的單位。如果我們想要知道籃球場有多大，那用 1 平方公分去進行測量方便嗎？如果用大一點的單位去做測量，是不是會方便一些呢？ 老師拿出一張 1 平方公尺大小的紙，和 1 平方公分的正方形紙卡，並要學生說說看，用哪一個來測量黑板的面積比較方便？老師展示 1 平方公尺大小的紙，並說明這張紙的大小是 1 平方公尺。	5	透過生活實例的測量，引入大單位認識的需求。

二、發展活動

活動一：1 平方公尺和幾張百格板一樣大

1. 老師提問：一張百格板有多大？
   學生回答：100 平方公分
2. 老師再提問：1 平方公尺和幾張百格板一樣大？
3. 老師請各組學生進行討論，並發表其答案。
4. 所以，1 平方公尺和 100 張百格板一樣大，它是一個每邊長都是 1 公尺的正方形。我們可以得到 1 平方公尺 = 10,000 平方公分。

15

1. 學生可以知道 1 平方公尺和 100 張百格板一樣大。
2. 學生可以知道 1 平方公尺 = 10,000 平方公分。

活動二：教室有多大？

請學生猜猜看，教室有多大？請各組學生討論猜測的策略，並將各組猜測的結果寫在黑板上。

接下來，請各組提出實際測量教室大小的方法，並使用各種方法實測出教室的面積。

將實測結果和估測結果進行比較。

15

1. 鼓勵學生提出猜測的策略。
2. 鼓勵學生提出實測的不同的方法。

三、綜合活動

今天我們認識了一個較大的測量面積單位—平方公尺，它能作為較大面積的測量單位。生活中有許多適合用平方公尺表示面積大小的事物，例如：今天我們討論的教室大小。

我們學校的籃球場是一個標準的球場，它有多大呢？今天的回家作業是請各組學生估計一下籃球場的大小，各組請完成學習單。

5

請各組學生完成回家作業的學習單。

第一節結束

第四章

重量的概念與教學

游自達

　　「重量」是日常生活中時常聽到的詞彙，也是經常應用的概念。不論是個人的體重、日常生活情境下不同物體重量及其輕重比較，幾乎是生活中時刻都會接觸到的概念。有關物件重量的標示也普遍應用於各項商品的標示中。至於重量測量工具（例如：體重計、不同類型的秤等）也十分常見，學生也有相關的使用經驗。直覺來看，學生的生活經驗中常有機會經驗重量，以及接觸重量的比較、測量等活動。學生對於重量概念應具有良好的基礎與理解。

　　但是研究結果顯示，重量概念的發展、重量的比較、工具刻度意義的理解、刻度結構關係的掌握、重量不同測量單位之間關係的理解、重量量感的發展等，均涉及複雜的認知活動，學生也常有迷思概念或錯誤，需要透過系統的活動協助學生澄清迷思並深化其理解。基於以上，本章先就重量的性質與學習、重量的理論結構加以分析，再針對國小階段的重量學習內容與概念發展加以探討，最後再提出重量學習的參考活動示例，並說明設計的理念。

第一節　重量的性質與學習

　　重量是存在於物體上的一種性質，個體可以透過感官活動覺察，因此重量乃是一種感官量。不過，重量無法像長度、面積、容量等，藉由視覺進行直觀比較，並從視覺觀察中產生量感。相對地，重量的認識需要藉由實際體驗下的肌肉感覺，從用手掂量、提物等活動來感受重量，建立對於重量的認識。不同物體的輕重也無法直接從視覺觀察加以判斷，往往需要藉由工具（例如：等臂天平、有刻度的工具），將重量轉化為平衡或不平衡的狀態、指針的位置等視覺資訊，協助做判斷。至於使用有刻度的工具來描述「重」的特質，則需要建立「重」的特質與秤面指針的位置、位置變動現象之間的連結，才能產生意義。當運用工具進行重量實測時，學生

不但需要理解重量測量工具的刻度結構，也需要對刻度標籤所代表的重量
具有量感，方能建立較完整的理解。

再者，重量量感關係著個人在生活中的接物應對，也是數學素養的具
體展現。人們在生活中經常需要用手接、捧、提、舉、抬東西，也需要用
肩背或挑東西。在這些活動中，個人需要整合以往在環境互動中對物體的
重量所建立的基本理解，方得以合適的方式接物應對，形成有效的互動。
例如：當別人遞交物品時，我們需要對物品的可能重量有基本的理解，
據以形成對應的作為（例如：準備用單手或雙手接物、以什麼姿勢接物
等），並配合適當的施力來承接物品。當評估有誤或超乎個人的預期時，
則會產生應接上的失誤。在日常生活中，類似這樣的互動十分普遍，乃是
重量量感應用的展現，也是素養的具體事例。

重量的性質和學習、生活中的應對具有密切的關聯。綜合而言，重量
具有下列的性質：

（一）重量具可體察性

重量雖為一種感官量，但非視覺量，可透過體驗下的肌覺加以認識。

（二）重量具可比較性

不同物體的重量可以加以比較，但比較的方式因物體重量的相對差異
而有不同。當兩物體的重量差異較大時，人們可以透過肌覺來判斷。但是
當兩物體的重量差異無法透過肌覺作判斷時，則需要藉助工具將重量轉化
為視覺訊息（例如：天平的平衡狀態）或數值化來協助做比較。

（三）重量具可加性

可以將不同物體的重量予以合併，形成一個相對較重的組合；當以某
個物體的重量作為單位時，則可用以進行物體重量的測量。透過被測量物
是由幾個重量單位所合併而成表示該物的重量。相對地，物體的重量也可
以透過分割形成不同的部分量。

（四）重量具有保留性，但測量結果因測量工具而有不同的結果表
示

物體不會因為分割、形狀變動而改變重量。但測量的結果的表示則因
社會文化下所使用的測量系統而有不同。例如：同樣物體的重量不會因使
用不同的測量工具而改變，但會因使用公制或英制單位而有不同的結果表
示。而不同測量系統的結構差異、測量系統內不同單位間的相互關係則影
響結果的換算。不過，使用不同的測量系統（例如：公制、英制或臺制系
統）或以不同的單位加以表示（例如：1 公斤或 1,000 公克），並不影響
物體的重量。

第二節　重量的認知發展

壹、學生對重量的認知發展

如前所述，重量具有多項性質。學生從物體的接觸經驗中，發展對重
量的初步認識，但對於重量的性質與測量等方面的理解，則需要以重量保
留概念為基礎。具有重量保留（conservation）概念的學生知道物體經變
形或分割後，重量不會改變。依據皮亞傑（J. Piaget）的理論，一般學生
大約在 9-10 歲發展出重量保留概念，逐步對下述重量的保留活動發展出
理解。

一　物體變形

具有重量保留概念的學生知道：物體形狀改變並不影響其重量。亦
即，物體變形前後、物體位置改變，其重量不會改變。

二 物體分割

物體經過分割之後，分割後各部分的總重量和分割前的重量相同。換句話說，具有重量保留概念的學生理解物體分割前和分割後的重量不變。

三 相隔時間

同一物體在不變質的情況下，不同時間測量的結果，重量都會一樣。因此，具有重量保留概念的學生知道：同一物體在不變質之下，不同的時間所秤得的結果，重量都會是一樣。不同的人去秤也會得到相同的結果。

四 等量遞移

具有重量保留概念的學生知道甲物和乙物在天平上呈現平衡或在秤面上的刻度相同時，甲、乙兩物的重量一樣，而當乙和丙兩物一樣重時，學生可以推論甲物和丙物也一樣重。

貳、常見的學生學習困難與錯誤

不同學生因其經驗、認知發展的差異，對重量的概念理解有別。學生常因個人經驗的局部性、局限性或對於測量工具的刻度單位、結構關係等的認識不足而產生迷思概念或錯誤。較常見的有下列各項：

一 物體重量與體積關係的誤解

由於學生尚未具有密度的概念，常誤以為看起來比較大的物體，其重量就會比較重。因此部分學生會以物體外觀的大小判斷重量而形成錯誤。

二 物體重量與形狀關係的誤解

尚未具備重量保留概念的學生會誤以為物體的形狀改變後，其重量也

隨之改變。例如：部分學生誤認為黏土被壓扁後，其重量也改變。

三 物體分割前後重量變化的誤解

尚未具備重量保留概念的學生會誤以為物體被分割之後，其總重量會產生改變。例如：把一大塊黏土分成數小塊之後，黏土的重量會變輕。

四 重量的量感不足

部分學生因重量量感不足，對於生活中物件的重量單位常判斷錯誤。即使結果明顯不合理，學生也未能覺察並修調。例如：「一罐奶粉大約 500（　　）；剛出生的小嬰兒體重大約是 4（　　）」之類的問題，請學生填出問題中測量結果的合適單位。有的學生回答：一罐奶粉大約 500「公斤」；剛出生的小嬰兒體重大約是 4「公克」。這類的反應顯示部分的學生對於生活中不同物件的重量不理解，對於重量測量單位、刻度表示的意義等亦缺乏連結，導致其量感不足，因此對重量測量結果的值無感。

五 刻度工具報讀的困難

學生對於重量測量工具的刻度意義、刻度之間的關係、刻度與物體重量間的連結等理解不足，造成對測量結果的報讀有困難，出現測量結果之數值與單位的錯誤。例如：圖 4-1 所示的 2 公斤秤面上，要求學生分別標出指針位置所表示的重量時，當指針指在 1 公斤 600 公克的位置時，學生報讀為 1,600 公斤。

六 二階單位的換算錯誤

學生對於不同階之重量測量單位及其互換關係不理解，形成其在測量結果的單位換算、不同單位測量結果的比較上有困難。例如：不能比較 5,060 公克和 5.6 公斤，哪一個比較重。

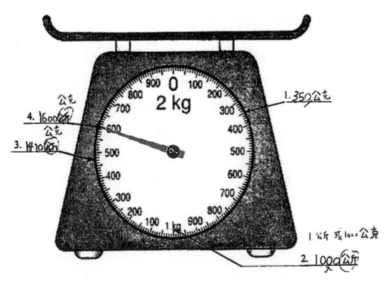

圖 4-1　學生在秤面刻度報讀上的錯誤

七 無法處理等量遞移與不等量遞移的推測

部分學生未能透過遞移關係推論不同物體間的重量關係。例如：測量的結果為甲比乙重，乙比丙重，部分學生無法依據前述關係推論甲和丙哪一個比較重。

第三節 重量概念的發展與教材安排

重量、長度、容量、角度、面積、體積乃是生活中常用的六種感官量。這些感官量的學習內容，大體上都需經歷量的初步體驗、量的直接比較、量的間接比較、普遍單位認識與比較、測量單位結構的理解等活動，逐步從對該量的認識，再經由比較與測量活動，建立量與測量工具刻度之間的連結，以發展量感並認識測量工具的結構。

壹、重量概念發展的活動層次

　　學生重量概念係由經驗、感受逐步發展至思考判斷。重量之學習活動需運用多感官、整合多類型活動引導學生探討，並發展物體與個人、物體與物體間的關係連結。新近有關體現認知（embodied cognition）的研究指出，身體經驗和心智活動是不可分離的整體。身體經驗是認知過程中的重要環節，會影響人們認知思考。身體經驗會透過語言表述，形成日常生活之中各種以身體為基礎的譬喻。以重量為例，身體對重量的經驗會直接影響對重量概念的理解，並透過語言中的譬喻延伸出對於事物重要性的判斷理解。抽象概念是以個體身體經驗為基礎，扎根其上而形成理解，成為後續互動和學習的基石。置身情境中的經驗（包括感官、知覺、動作、心智活動等）以多重形式（multimodal）存在於全身。當人們從他們的記憶中提取經驗時，這些多重形式表徵確保所伴隨的身體狀態（bodily states）與相關認知一起被活化。置身情境中的經驗和思考密不可分。

　　基於以上，重量概念的發展須以置身情境中的身體經驗為基礎，建立多重形式的體察，形成深層的理解。具體而言，重量概念的發展可透過表4-1 所示三個層次的活動逐步引導學生，逐步提升其理解：

（一）感官層次

　　主要是透過置身情境中的體驗活動，認識重量並建立重量和自身身體多重感官的連結。

（二）關係層次

　　透過比較活動認識重量的差異、形成運用工具進行測量的需求、建立測量工具刻度變化和重量變化（例如：逐次增加或拿走等重量的物件）之間的關聯。

🖋 表 4-1　重量概念發展的活動層次

活動層次	活動重點	對應數學課程綱要之內容指標
感官層次	1. 單一物體重量的體驗活動（例如：掂掂看、拿拿看等），發展自己身體對重量的感覺，形成對重量的基本認識（重量感的體覺）。 2. 對不同物體重量差異的體驗與覺察，協助學生體驗重量的差異，發展個人對於差異量的覺察（差異量感的體覺）。	**九年一貫：** 2-n-17 能認識重量。 **十二年國教：** N-2-12 容量、重量、面積：以操作活動為主。此階段量的教學應包含初步認識、直接比較、間接比較（含個別單位）。
關係層次	1. 發展對環境中不同重量的體驗與比較： (1) 直接比較：藉助生活中常見的物件（例如：蹺蹺板）或工具（例如：天平）覺察重量和工具現象間的關係（由個人肌覺和天平現象的關聯，建立肌覺和視覺線索的連結）。 (2) 直接比較：在天平上直接比較兩物的輕重（建立天平現象和兩物輕重的連結）。 2. 發展自己身體對重量的感覺和工具刻度變化的關聯（建立感官經驗和工具現象的連結）。 3. 某物體的重量和累加多個等重量單位間的關係（建立物體數量變化和感官經驗間的連結）： (1) 個別單位認識活動。 (2) 個別單位的累積活動。 4. 重量單位的累加和工具刻度變化的關聯（建立物體數量變化和工具刻度變化間的連結）。 5. 某物體的重量和不同工具刻度現象間的關係。 6. 重量比較與關係的遞移。	**九年一貫：** 3-n-16 能認識重量單位「公斤」、「公克」及其關係，並做相關的實測、估測與計算。 **十二年國教：** N-2-12 容量、重量、面積：以操作活動為主。此階段量的教學應包含初步認識、直接比較、間接比較（含個別單位）。 N-3-16 重量：「公斤」、「公克」。實測、量感、估測與計算。單位換算。

活動層次	活動重點	對應數學課程綱要之內容指標
結構層次	1. 對標準重量單位關係結構的理解： (1) 認識重量普遍單位（公斤、公克）的活動。 (2) 以重量普遍單位（公斤、公克）的實測活動。 2. 對重量公制單位及不同單位間互換關係的理解： (1) 認識公斤與公克、公噸與公斤的關係。 (2) 公斤與公克、公噸與公斤的化聚。	**九年一貫：** 4-n-14 能以複名數解決量（長度、容量、重量）的計算問題。 5-n-16 能認識重量單位「公噸」、「公噸」及「公斤」間的關係，並做相關計算。 **十二年國教：** N-3-16 重量：「公斤」、「公克」。實測、量感、估測與計算。單位換算。 N-5-13 重量：「公噸」。生活實例之應用。含與「公斤」的換算與計算。使用概數。

（三）結構層次

協助學生理解不同重量單位之間的互換關係並理解重量公制單位（例如：生活中常用的公克、公斤、公噸等重量單位）的結構性關係。

貳、重量概念的活動類型

重量的教學必須呈現實體（個物）和工具（例如：天平、1 公斤秤、3 公斤秤、體重計等），並須進行彼此的連結。重量的概念產生主要是透過「體驗」、「比較」和「測量」活動。重量的認識必須藉由體感與工具，例如：手捉物重、秤稱物重，進行兩物重量的比較，若直接將兩物置於兩手或天平比出，稱為「直接比較」。當兩物重量差異不明顯時，則難以用

兩手進行直接比較。便需要藉助工具進行比較。利用工具或第三個同類量做兩物的輕重比較，稱為「間接比較」。

重量概念的形成起於「掂物」的體感經驗，再逐步進入重量的比較與測量活動。重量概念發展的活動有下列類型：

一 體驗活動

重量教學首先要讓學生對重量有所認識。教學上並非直接告訴學生什麼是重量，而是需要從體驗活動出發，拿個東西讓學生掂掂看，然後先以生活語言和學生溝通，表達體驗活動後的覺察：「這個很輕」、「那個很重」。引導學生覺察「重量」雖然沒辦法直接看得到，但可以用「感官」感覺得到。

重量的體驗活動，應包括下列兩類：

（一）單一物體重量的體驗活動，以發展學生對重量感的體覺

引導學生透過掂掂看、拿拿看等實際體驗活動，發展學生個人身體對重量的感覺，形成對重量的基本認識。

（二）對不同物體重量差異的體驗，協助發展對重量差異的體覺

引導學生以雙手各拿不同的物件，或是以單手依次拿不同的物件，以體驗不同物件的重量差異，發展學生對於物體重量差異的覺察。這樣的經驗可作為理解重量差異的基礎。

二 比較活動

重量的比較活動包含透過感官（含肌覺與視覺）的直接比較、兩個物體的重量直接比較、透過第三量的間接比較、藉由非標準單位與標準單位的複製和單位比較等間接比較等。在進行重量的單位化與複製活動之前，必須先引導學生認識重量的保留性。相關活動分別說明如下：

（一）直接比較

重量的直接比較只能訴諸體感，最直接方式可以用兩手各拿一物來比較，或用同一手依次拿兩物品，藉由體感來加以比較。這樣的作法僅適用於兩物的重量差別較大時。如果兩物的重量相近時，便需要透過工具（例如：等臂天平）來做比較。利用等臂天平時，可以將重量的物理性質轉換為視覺訊息，透過天平上升、下降的現象來比較物體的重量。

（二）重量保留活動：同一物件的重量比較

老師設計情境，引導學生實作（把某物體加以變形、分割、擠壓等）和實測（例如：將兩個完全相同的物體先放在等臂天平上做比較，接著將其中一個加以變形、分割、擠壓後再比較其重量），並引導學生覺察同一個物體在形狀改變、分割、擠壓前後重量不變的關係，建立重量的保留概念。也可以將某一物體在變形前後，分別放在同一個秤上，引導學生觀察指針的位置，以經驗重量的保留性。

（三）間接比較

當兩實物的比較無法直接使用天平原理分辨輕重時，可利用與中介物比較（例如：分別和特定的一本書的重量比較），透過遷移性關係分出輕重。或將二物分別放在測量工具上並在刻度上做記號，再透過刻度的相對位置判斷物體的重量關係。不論是透過第三量作為中介，或是以刻度的相對位置進行重量比較，都是間接比較。

透過刻度相對位置進行重量比較的活動，須先建立工具的指針變化和重量關係的認識。換句話說，需要讓學生「看到」有一個工具上的指針可以表示物體的重量。教學時可引導學生將實物放在秤面上，並觀察指針指到的位置和記號標示。接著，在秤上逐次放上更多物體。當東西愈放愈多，引導學生觀察指針轉動的方向和位置的變化。再依次將秤上的物體逐一地取下，同樣引導學生觀察指針轉動的方向和位置的變化（如圖 4-2 所

這是一個秤。注意看看，秤上沒有放東西時，指針指在哪裡？

把水果放在秤上，指針有什麼變化？

水果愈放愈多時，秤的指針有什麼變化？

把水果一個一個拿走，指針又有什麼變化？

圖 4-2　建立秤的指針變化和重量關係的活動

示）。這樣的活動可以讓學生「看到」物體的數量、重量的變化和指針位置的關係，建立學生對於重量和秤的指針位置、標示之間的關係。需要特別注意的是，此時僅是指針位置與變化的活動，並非秤面系統的教學。

教學時可先由重量的直接比較引入，接著設計無法透過直接比較的情境，引導學生經由中介物的比較方式，透過第三者與遞移關係的運用分辨兩個物的輕重。再來則透過測量工具中，指針的位置與變化進行間接比較。

（四）個別單位比較

使用重量個別單位的需求係起於描述某物體有多重或比較兩個物體的重量相差多少的量化活動。不論是直接或間接比較的活動，主要在於了解不同物體間，哪一個比較重。當學生知道兩個物體孰重孰輕後，如果進一步引導學生設法回答「重多少」的問題時，則會產生將重量單位化的需求。老師可引導學生使用如積木、10 元硬幣等物為單位，並描述每個物體和幾個單位一樣重，進行推論回答「重多少」的問題。

三 測量活動

（一）普遍單位的測量

重量普遍單位的認識活動並不能直接告訴學生測量工具（秤）每個刻度單位的意義（例如：三公斤秤的一小格是 10 公克；一公斤秤的一小格是 5 公克）。這樣的活動對於發展學生對重量單位的認識、重量與刻度關係的理解、測量工具的結構等並無幫助。

教學上需要引導學生將「天平現象」、「秤面現象」連結到重量的體驗和變化的經驗，也需要讓學生了解同一物體在同一類秤上的指針會指在同一刻度位置，在不同類秤上（例如：1 公斤秤、3 公斤秤、體重計等），雖然刻度位置不同，但所代表的重量卻是一樣的。有了等重概念，就可以知道同物等重，不同物也可能等重，如此才能讓重量與秤面刻度連結，使

用普遍單位秤重也才會有意義。

有關認識重量普遍單位——公斤的教學，可準備多個重為 1 公斤的相同物體，先請學生逐一放到 5 公斤或 10 公斤秤上，觀察指針的位置標示並確認每個物體一樣重。接著將多個 1 公斤的物體放到秤上，請學生說明「幾個 1 公斤的物體合起來和幾公斤一樣重」，以發展學生對重量普遍測量單位的理解、累積測量單位的意義，並發展對於秤上刻度的理解。

有關認識重量普遍單位——公克的教學可以比照公斤的程序進行，但公克單位的教具需要精確。教學上可使用重量正好為 1 公克的數學積木（即 1cm³ 積木）或使用 1 公克的砝碼。如果使用替代物，則需要確認每一個物的重量恰為 1 公克。

（二）重量實測與工具結構理解

我國為使用公制單位系統的國家。學生在重量相關的學習活動中，不但需要認識公制系統下的重量測量單位，並以標準測量單位進行實測，也需要理解公制系統下，不同測量單位間的互換關係。具體而言，學生需要能以公斤、公克等進行物體重量的實測，並以單一單位或兩階單位表示測量的結果，學生也需要理解公克和公斤、公斤與公噸等常用單位之間的互換關係。在單位的化聚活動中，會涉及整數化聚（即 2 公斤 300 公克 = 2,300 公克），也會涉及小數化聚（即 2 公斤 300 公克 = 2.3 公斤）。其中，以小數表示公斤和公克化聚的活動，需要配合學生小數概念的發展來進行。

參、協助發展重量量感的活動

重量教學除了引導學生認識重量、發展對於重量的性質、實測、測量系統與關係結構等方面的理解之外，協助學生透過體驗、操作、比較、省思與調整等活動以發展重量量感，乃是不可或缺的一環。量感類似於「語感」、「方向感」等概念，代表一種能力，卻又帶有一種專家式「直觀」

的意涵，是對某種特定現象或屬性具有很高的敏感程度。因此，重量量感可說是對於重量的敏感性及判別能力。量感可說是一種能力，是對量的一種感悟力，也是素養的一環。

綜合來說，量感是融合了體驗直觀、概念理解、多元關聯（情境與實作、概念與運算、概念與表徵、不同操作與表徵活動之間的關聯）、後設認知等所發展出的一種直覺。量感的培養必須透過課程安排，滲入於各學習活動，在各學習階段螺旋式地深化。學生在經歷了體驗、單位產生和累加的過程之後，逐漸在頭腦中形成單位觀念，並學會彈性性地運用參照進行估計，方能逐步發展出量感。

協助學生發展重量量感的活動，可從三方面著手：

一 多重體驗活動

「多重體驗活動」乃是發展重量概念理解的入門磚，也是重量量感培養的基石。連結多感官的體驗活動是其中的關鍵。學生對於重量的概念理解與量感發展必須透過實作體驗、比較的過程，逐步進展。

重量量感的培養需要讓學生廣泛地接觸、體驗、連結生活中的不同物件，透過體感有意識地連結真實情境的現象與數量關係。重量體驗活動宜包括對物體重量的體覺、對重量差異的體覺等。除了引導學生用手掂掂看，感受物體的重量之外，也可以將物體放入提袋中，用手提提看，或放在肩上背背看，經驗相同重量的物體在手掂、手提、肩背時的感受。有關兩個物體重量差異的體覺亦可透過雙手掂、提或雙肩背來感受重量的不同。再引導學生描述其體覺的差異。溝通需求下的描述將引發學生對體驗操作活動的省思，將體感活動內化為個人心理表徵。

二 單位的意義與生活連結

在重量比較活動時，測量單位形成之初亦是量感培養的重要關鍵。在透過個別單位進行重量比較下，引發學生產生普遍單位的需求感後，引

入重量的普遍單位。有關認識重量普遍單位——公斤的教學，除了認識單位、累積單位、觀察單位的累積和秤的指針變化等活動之外，也應讓學生用自己的身體感受 1 公斤的重量。教學上可準備多個重爲 1 公斤的物體（例如：生活中常見 1 公斤包裝的糖、鹽、米、黃豆等物品），讓學生透過用手掂、用手拿，或放在提袋中用肩背來感受 1 公斤物體的重量，形成個人的體覺。也可以利用這些生活中的物件作爲單位，透過單位累積來建立秤的刻度意義。

另外，也可以鼓勵學生留意觀察生活中，哪些物體的重量大概是 1 公斤。透過生活中物體重量的標示、個人和物體接觸的體感、物體的數量與重量之間的連結，有助於學生建立參照，作爲推估的基礎。例如：透過生活中對物體的觀察，學生較容易建立容量和重量的連結（1 公升的水、2 瓶 500mL 的礦泉水、3 瓶 330mL 的易開罐飲料都約重 1 公斤）。這類活動有助於培養學生對生活現象的敏覺，透過細心留意的觀察，有目的地搜尋學習公斤和公克的生活素材，爲重量單位的理解和感悟積累更多的經驗，發展其量感。

三 參照基準與估測策略的發展

重量量感的培養需結合實測活動，協助學生理解常見物體的重量，並透過某物件與常見物體的重量比較活動，建立學生的參照，作爲估測的基準。如前所述，在認識重量普遍單位——公斤的活動中，讓學生用自己的身體感受生活中常見 1 公斤包裝的糖、鹽、米、黃豆等物品，形成個人的體覺。學生個人的體覺有助於學生建立參照，作爲推估的基礎。例如：在教學活動中，可以請學生挑出一些常用物品量量看，找出有哪些和 1 公斤差不多重，再用左手、右手拿拿看，體驗它的重量感。接著再進行實測，檢驗自己的估測是否正確。類似這類結合估測和實測的活動，有助學生連結體感經驗和生活中的物體，發展估測策略。

引導學生留意觀察生活中不同物體的重量標示也有助於協助學生發

展參照,並靈活地選擇參照物來估測。例如:學生從生活常見的物品及其包裝中,可以發現 1 公升的水、鮮奶、果汁、可樂等大概重 1 公斤,家庭號 5 公升的水重 5 公斤;包裝米有 1 公斤、2 公斤、3 公斤、5 公斤、10 公斤等不同重量的包裝。另外,小於 1 公斤的生活物品較容易連結到 500mL 的礦泉水或茶重約 500g;300mL 的鋁箔包飲料重約 300g。國小的學生雖然還沒有密度的概念,但從這些生活的重量的觀察與體驗,很容易發現液體的容量與重量之間的關係,也可由此建立起多元的參照,有助於其估測。

綜合來說,透過多元的活動引導學生對照、比較、反思,有助於學生整合生活經驗和數學概念,發展不同的參照並彈性運用,這些都是發展重量量感的重要活動。

第四節 重量學習活動示例與設計理念

壹、素養導向的重量教學設計理念

有鑑於學生的重量概念與量感發展需要整合多重體驗活動、不同的比較活動與實測,並連結學生的生活經驗,發展其對重量的敏感性和判別能力。因此,學習活動中引導學生體驗、比較、對照、反思的活動十分重要。再者,素養導向的學習活動需要考量多方面之因素,包含:(1) 提供學生有感的學習機會,透過現實情境引入教材,營造數學學習需求;(2) 學習任務應具有意義並反映數學思考,引導學生進行探索與發展概念理解;(3) 運用多元表徵,循序漸進呈現數學內容;(4) 讓學生運用相關數學知識與能力解決問題,提出合理的觀點與他人溝通;(5) 學習任務兼具學習和形成性評量的功能,以評估與促進數學學習(教育部,2018;單維章、鄭章華,2017)。

　　基於上述理念，本章有關重量概念的教學以重量的認識、重量的間接比較與個別單位為例，設計教學活動作為參考。重量設計以「小狗出生了」的圖畫書引入。該書以攝影為主，攝影師用鏡頭捕捉了母狗懷胎、待產，到小狗出生、會吃奶、會睜開眼睛、會走路、長牙齒、離開母狗獨立等過程的變化。作者用具有童趣的文字和口吻，簡要的介紹小狗成長的知識。全書內容簡明扼要，加上清楚生動的照片，不論是題材或內容都能吸引低年級學生閱讀和參與討論。此活動從該書出發，引導學生關心母狗的體重、小狗出生時的重量等，再利用不同材質的狗造型玩具，引導學生猜想其重量、進行用手掂、拿、提等活動親身體驗物體的重量感並進行直觀比較。本活動包含閱讀和數學跨領域的學習，也涵蓋生命教育的議題。

圖 4-3　圖畫書──「小狗出生了」的封面

　　另一個教學活動係重量的間接比較與個別單位。目標在於協助學生將手掂物件的重量感覺連結到秤面指針的位置變化，以建立學生對秤面刻度意義的理解。透過在秤上逐次增加和減少物件，觀察和描述指針所指位置的變化。

貳、教學活動示例

■ 活動示例一

領域／科目	數學		設計者	游自達
實施年級	二年級		總節數	本單元共 3 節（此為第一、二節教案）
單元名稱	重量			

設計依據				
學習重點	學習表現	n-I-8 認識容量、重量、面積。	核心素養	數-E-A3 能觀察出日常生活問題和數學的關聯，並能嘗試與擬訂解決問題的計畫。在解決問題之後，能轉化數學解答於日常生活的應用。
	學習內容	N-2-12 容量、重量、面積：以操作活動為主。此階段量的教學應包含初步認識、直接比較、間接比較（含個別單位）。		
教材來源		自編。		
教學設備／資源		「小狗出生了」圖畫書、天平、狗造型之玩具和玩偶、瓶裝水、罐裝飲料、字典、積木等。		

學習目標
1. 連結生活經驗以認識重量。
2. 透過操作認識重量並以感官進行重量的直接比較。
3. 認識天平並以天平進行重量的直接比較。

教學活動設計		
教學活動內容及實施方式	時間	備註
一、引入主探究問題的情境（引起動機） 1. 詢問哪些學生家裡有養寵物？哪些學生家裡所養的寵物是狗？ 2. 引導學生發表看過哪些不同品種的狗，分享狗的身材大小。 3. 引導學生猜想狗的體重並說明自己的猜想。	7	請學生至臺上發表。

二、繪本閱讀與討論（發展活動）

活動一：圖畫書閱讀與討論

1. 預測活動：老師揭示圖畫書「小狗出生了」的封面，引導學生根據書的封面和書名猜想本書的主題和可能內容。　　　　　5
   (1) 從這本書的書名想想看，這本書和什麼動物有關？
   (2) 書名中有「出生了」這三個字。這本書可能要談論什麼事情？
2. 閱讀活動：老師將本書分為 4-6 個小節，依次引導學生閱讀，並運用提問引導學生澄清閱讀的內容，再預測後續的情節發展。　　15

活動二：小狗的成長

1. 討論活動　　　　　5
   (1) 根據書上的內容，小狗從出生到長大，牠的身體發生什麼改變？
   (2) 牠學會哪些新的動作？
   (3) 牠的體重有什麼改變？
2. 分享活動：請家裡有養寵物的學生分享觀察寵物行為、照顧寵物的經驗。

三、綜合活動

引導學生總結從繪本閱讀與討論中所學到的概念與想法。　　　　　3

第一節結束

第二節

一、引入主探究問題的情境

1. 提示前一節有關圖畫書「小狗出生了」的經驗。　　　　　5
2. 引導學生分享是否有抱過寵物狗、貓或其他寵物的經驗。
3. 討論不同寵物的重量。

請學生上臺分享抱寵物的經驗與感受。

二、探究與分享活動 **活動一：哪個寵物玩偶比較重？** 1. 猜想活動：老師一次拿出兩個不同的狗造型玩偶或玩具，請學生猜想哪一個比較重，並做記錄。 2. 分享活動：請學生分享自己的猜想。 3. 體驗活動：請學生用手拿一拿、掂掂看，並說說看，覺得哪一個比較重。	**10**
活動二：哪個東西比較重？ 1. 猜想活動：老師一次拿出兩個不同的物體（瓶裝水和罐裝飲料；習作簿和字典；乒乓球和棒球等），請學生猜想哪一個比較重，並做記錄。 2. 體驗活動與分享 (1)：請學生用手拿一拿，掂掂看，並說說看覺得哪一個比較重。 3. 體驗活動與分享 (2)：請學生將兩個物體分別裝入大小一樣的袋子裡，再用手提提看，並說說看，覺得哪一個比較重。	**15**
三、綜合活動 **重量體察的遊戲：** 1. 老師展示活動一所使用的各項寵物玩偶，並說明遊戲規則。 2. 各組學生推派一位代表參加遊戲。 3. 老師準備一個紙箱放在講桌上，面向學生的一邊挖空，另一邊挖兩個洞，以便學生可將雙手伸入。 4. 各組代表輪流上臺。學生將雙手伸入紙箱中。老師先在學生手上放一張薄紙卡，然後在上面放上寵物玩偶，並請學生輕輕向上舉起，感受重量後，猜測所放的玩偶。 5. 猜想正確的小組代表得分。	**10**

第二節結束

貳 活動示例二

領域／科目	數學		設計者	游自達	
實施年級	三年級		總節數	本單元共 3 節（此為第一節教案）	
單元名稱	有多重				
設計依據					
學習 重點	學習表現	n-I-8 認識容量、重量、面積。	核心 素養	數-E-A3 能觀察出日常生活問題和數學的關聯，並能嘗試與擬訂解決問題的計畫。在解決問題之後，能轉化數學解答於日常生活的應用。	
	學習內容	N-2-12 容量、重量、面積：以操作活動為主。此階段量的教學應包含初步認識、直接比較、間接比較（含個別單位）。			
教材來源		自編。			
教學設備／資源		兩個重量差異明顯且重量小於 1,000g 的物體（兩小物件的體積和重量有別，其一體積較大但重量較輕；另一物的體積較小但重量較重）。 每組學生有各一個 1 公斤秤、數個總重量不超過 1,000g 的小物件。			
學習目標					
1. 認識秤上的指針位置和物件重量間的關係。 2. 認識物件重量的變化和指針所指位置變動之間的關係。					
教學活動設計					

教學活動內容及實施方式	時間	備註
情境布置 1. 教學進行前一週左右，老師於教室中布置 1 公斤及 3 公斤秤，並鼓勵學生觀察秤面上有哪些物件。 2. 鼓勵學生將身邊的小物件放在秤臺上，並觀察秤面上的變化。		

一、引入主探究問題的情境		
1. 引導學生分享個人經驗中,對秤的認識與理解 　（包括什麼地方會看到秤、什麼時候會用到秤、 　它是做什麼用的等）。	**5**	活動的目的在於引出學生 的舊經驗與既有的知識
2. 引導學生分享一週來對教室內的秤所觀察到的發 　現（例如:你看到秤面上有哪些東西、指針怎麼 　動、什麼情況下,指針會移動等）。		
二、探究與分享活動		
活動一:物件輕重與秤的指針位置	**15**	
1. 物重臆測活動		
(1) 老師拿出事前準備的兩個小物件（甲物的體積 　　　較大但重量較輕;乙物的體積較小但重量較 　　　重）,請學生觀察並猜想哪一個物件比較重。		
(2) 請各組學生分別說出猜想並說明理由。		部分學生可能認為外觀體 積較大的物體會較重。教 學時,可透過學生的臆 測,接著引導透過後續活 動,進一步檢驗。
(3) 請各組學生討論: 　　　只用眼睛觀察,可不可以知道哪一個物件比 　　　較重? 　　　有沒有其他方法可以知道哪一個物件比較 　　　重?		請學生分享可能的作法。 學生可能說出:用手拿拿 看、放在天平上比、用秤 量、用電子秤比較等。
2. 體驗檢查活動		
(1) 學生輪流以手掂甲、乙二物,比較其輕重。		老師引導學生比較用眼看
(2) 學生發表:用手拿過以後覺得哪一個比較 　　　重、哪一個比較輕。		所猜的結果和用手拿過後 的想法有什麼不同。
3. 討論活動		
(1) 有什麼方法可以讓我們知道各組比較的結果 　　　是不是正確?		請學生分享可能的作法。 學生可能說出:用秤量、
(2) 每個人的感覺可能有些不同。用什麼方法可 　　　以讓我們更清楚地知道哪一個比較重?		用電子秤比較等。

活動二：物件重量與指針位置的變動	10	

1. 觀察物件重量和指針的位置
  (1) 各組學生拿出秤（1 公斤秤），並請學生觀察秤面上指針所指的位置。
  (2) 請各組學生依次將甲物和乙物放到秤上，並觀察秤面的變化。
  (3) 老師提醒學生注意觀察：①還未放東西時，指針指的位置；②放上甲物後，指針指的變化和停的位置；③把甲物拿起來後，指針指的變化和停的位置；④放上乙物後，指針指的變化和停的位置；⑤把乙物拿起來後，指針指的變化和停的位置；⑥怎麼告訴別人放下甲物後，指針指在哪個地方。		

2. 發表活動 請各組學生分別發表秤的操作與觀察的發現。（老師提醒學生說明：還未放東西前、放上東西後、將東西拿起來後，秤上指針的位置和不同的地方）。		學生可以說出放東西之前，指針指到 0（或1000）；放下甲物後，指針轉動到另一個地方；拿起來後，指針又回到原來的地方（指到 0）。 學生能指出或描述放上物體後，指針停留的位置。
活動三：物件重量變化與指針位置的變化觀察	5	學生能說出放上單一物體、添加物體後，手的不同重量感覺。
1. 請各組學生將甲、乙兩物逐一添放到另一位學生的手上，並請學生說出添加前和添加後手的感覺。 2. 請各組學生將甲、乙兩物逐一添加到秤上，並觀察秤面的變化。 3. 老師提醒學生注意觀察：①放上甲物後，指針指的變化和停的位置；②再放上乙物後，指針指的變化和停的位置；③同時放了甲和乙物後，指針指的位置和只放一個物體時，有什麼不同；④把乙物拿起來後，指針指的變化和停的位置；⑤再把甲物拿起來後，指針指的變化和停的位置。		學生能指出或描述添放不同數量物體前後的指針位置和改變（例如：說出放兩個物體時，秤的指針轉動更多等）。

三、綜合活動 1. 請學生依據活動二、三的經驗，說明秤上指針位置不同表示什麼。 2. 請學生依據活動二、三的經驗，將甲、乙二物分別放到秤上，標示指針所指的位置，並確認各組原先對甲、乙二物的重量猜想。 第一節結束	**5**	

教育部（2018）。**十二年國民基本教育課程綱要：國民中小學暨普通型高級中等學校數學領域**。臺北市：作者。

單維彰、鄭章華（2017）。**十二年國教數學素養導向課程設計與教學案例**。新北市：國家教育研究院。

鍾靜、朱建正、林素微、魯炳寰（2000）。**國小數學教材分析──重量和容量**。新北市：教育部臺灣省國民學校教師研習會。

第五章

容量的概念與教學

游自達

　　「容量」在日常生活中普遍地被運用，舉凡瓶裝水、乳品、飲料的包裝標示中均可見，各式的容器也常標示容量。「容量」一詞在日常口語溝通中也經常使用，至於像 cc、mL 等容量的普遍單位在學生潔牙、喝藥水、喝水時也都經常聽到、看到。因此，學生在生活中經常會接觸到容量相關的詞彙與概念。

　　不過，學生生活經驗所接觸的大部分是液量。而容量的概念往往又需要透過液量加以呈現。學生也因此容易混淆容量和液量。加上容量具有三維特性，而生活經驗中容器中的刻度卻已被轉化為一維形式。如果再加上容器的外形變化、內容物的差異（裝水、糖、鹽、米、砂、小石子等）等因素，往往就構成學生對容量認識的挑戰。

　　有鑑於此，容量概念的發展、容量的比較、工具刻度意義的理解、刻度結構關係的掌握、容量不同測量單位之間關係的理解、容量量感的發展等，均涉及複雜的認知活動，學生學習上常有困難或錯誤，需要透過系統的活動協助學生澄清並深化其理解。基於以上，本章先就容量的性質與學習、容量的理論結構加以分析，再針對國小階段的容量學習內容與概念發展加以探討，最後再提出容量學習的參考活動示例，並說明設計的理念。

第一節　容量的性質與學習

　　「容量」是一種物理量，指的乃是流體物質占滿容器的最大盛載量。例如：杯子裝滿的水量、滿瓶的牛奶量。由於容器具有寬度、長度和高度等三維特性，學生認識容量所需的認知活動和一維度量的長度或二維度量的面積也就有所不同。

　　三維度量包含容量、容積、體積，三者均為空間大小的量，概念相互關聯，但各有所指，其意涵略有差異。體積是指實體所占有的空間量，亦即是物體所占空間的大小。容量是指容器可裝載的最大液量。容積則是指

某一具有確定三度空間的周界內的空間大小，此空間通常有容納物質、可以隨時存取的功能。例如：冰箱內部、貨櫃內部的容積等。換言之，容積本質上是體積概念，指的是三度空間周界內的體積。

容量和其他感官量類似，具有下列特性：

（一）可觀察

探討一個容器的容量時，我們可以透過將水倒入容器的操作活動，觀察到容器中水量的變化，也可以用手指出水在杯內所占的空間（例如：用手繞杯子底部一圈，再用拇指與食指表示水的高度）。另外，也可透過倒入或倒出水的操作，觀察到容器中的水量變化，進而討論能否再裝入更多的水。

（二）可比較、分割及合併

因爲容量是指容器可盛液量的多少，因此容器間的容量可以進行大小的比較。某容器的容量可以用較小容器加以盛滿，或將其分裝到幾個較小的容器；不同容器的容量也可合併成較大的容量。

（三）可設定單位及測量

由於容量具有可分割、合併的特性，因此我們可以用一個特定容器作爲單位，進行容量的測量，以掌握該容器是由幾個單位所合併而成。同樣地，也可以將該容器的容量分割爲數個子單位。

（四）可加性

由於每個容器的容量可以被測量，我們可將容器的容量進行合併或分解。

（五）可測的不變性（容量的保留概念）

一個容器的容量不會因爲分裝或合併而改變，例如：將一個水壺裝滿

水後，將水分別倒入多個水杯中。分裝前和分裝後的總水量不變。將一個水壺裝滿水後，倒入不同形狀的容器中，外形雖然改變，但總水量不變。

第二節　容量的認知發展

壹、學生對容量的認知發展

　　容量具有多項性質。學生對於容量的性質與測量等方面的理解，需要以容量保留概念為基礎。具有容量保留概念的學生，知道物體經分裝或外形改變，容量不會改變。

　　由於容量係指容器可盛液量的多少，容量的理解需要先認識容器及液量，液量的保留概念則是測量活動的基礎。當學生尚未具備保留概念之前，要學生透過容器的寬度或底面積大小來比較液量的多少，這樣的活動並不具意義。同樣地，將一個容器裝滿水後，分裝成數個小單位，並請學生以單位數來描述該容器的容量。這樣的活動對於未具有容量（液量）保留概念的學生亦不具意義。

　　具有容量保留概念的學生理解容器中的液體，經過變形（將液體倒入不同形狀的容器）或分裝，液體的總量不變。具體而言，容量保留概念包含下列兩方面的理解：

一 變形的保留概念

　　將等量的液體裝入任何不同形狀的容器，液體雖然隨容器的形狀而變形，但液量並未改變。以圖 5-1 中之 A、B 兩個相同容器，裝入同量的水（完全相同的容器中的液體高度相同），將其中一個容器中的水倒入另一個外形不同的容器（即圖中的 C）後，外形雖然改變，但液量不變。

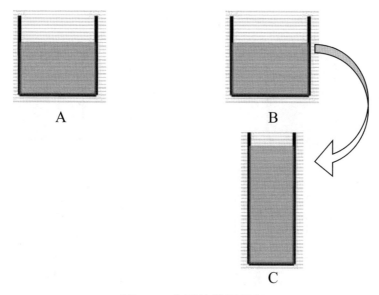

圖 5-1　容量的變形保留

分割保留概念

　　將液體分別裝入若干個容器，分裝前和分裝後的狀態雖然改變，但總液量並未改變。如圖 5-2 所示，將容器中的液體分裝到多個杯子；或將多個杯子中的水倒入同一個杯子，分裝或合成前後的總液量不變。

　　相關研究顯示，具有液體保留概念的學生具有下列邏輯運思能力。這些邏輯運思在數學學習上具有重要的意義。

（一）恆同性（identity）

　　具有保留概念的學生可運用恆同性進行推理，其理解在轉換過程中，沒有增加或取走任何的量，因此轉換前後的量相同。例如：將杯中的水倒入另一容器時，並沒有多倒入或倒掉任何水，因此水量不變。

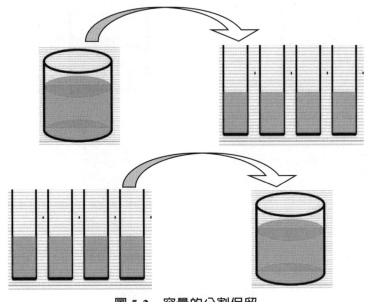

圖 5-2　容量的分割保留

（二）可逆性（negation）

具有保留概念的學生可運用可逆性進行推理。其理解某一改變狀態可經由實體或心理的反向轉換，被逆反回原本的狀態。例如：圖 5-1 中，A、B 兩杯的液量完全相同，當液體從 B 杯倒入 C 杯中，它可以再倒回原來的 B 杯中，回復成 A、B 兩杯原初的狀態。

（三）相互性（reciprocity）

具有相互性運思能力的學生了解到操作轉換的結果，外觀雖然有些改變，但那只是容器的不同維度相互關係的改變，實質液量並未改變。例如：水由矮寬杯子倒入高窄杯子中時，造成水的高度增加，但寬度卻減少了，因此兩個杯子中的水仍為相同量。

貳、常見的學生學習困難與錯誤

　　容器的容量係透過容器盛載液體的量，有別於容積。若以容器中的空間（體積大小）來描述容量，則產生容積與容量的關聯。在生活中，一般人有時會將容量和液量混用；有時也將容量和容積的單位互用。雖然這些概念有互通之處，但也有需要釐清之別。

一　容量與液量的混淆

　　由於「容量」與「液量」皆涉及容器對流體物質的盛載狀態，再加上一般人在生活中所稱容量的意義較爲寬鬆，「容量」也常被用來指容器中的液量，這樣的現象往往造成學生對容量和液量的混淆。

　　長期以來，國內容量教學是以液量導入，藉容器所能盛載的最大液量來表示該容器的容量。藉由液量的描述來定義容量的作法，學生容易混淆容量與液量。再者，生活中所稱的容量，其意義較爲寬鬆，也成爲另一個混淆的來源。容量一詞在生活中，有時指容器中的液量（例如：部分飲用水、鮮奶外包裝上標示的「容量」，其實是指內容物的總量，也就是液量），有時則指容量（例如：杯子裝滿的水量、滿瓶的牛奶量等）。另外，在生活中有些地方又以「內容量」來標示液體的量，學生將常接觸的包裝水、飲料、罐頭等容器包裝。這些生活物品的標示、生活語言的寬鬆用法成爲學生概念混淆的來源。

二　容量、液量的量感較薄弱

　　由於容量、液量的三維性質，而生活中容器的刻度是以一維的形式呈現，許多學生在容（液）量測量活動中所學到的往往是刻度的報讀。對於容（液）量測量單位所表示的量到底是多少（例如：1毫升、1公升的「量」到底是多少）、刻度表示的意義等缺乏連結，導致其量感不足，因此對容（液）量測量結果的值無感。

學生對容（液）量量感的薄弱也反應在估量的表現上。學生對於液量、容量的估量策略較爲不足，未能運用日常生活中所熟悉的容器容量（例如：自己常用水壺的容量等）作爲參照點進行估量。

三 刻度工具報讀的困難

學生對於容（液）量測量工具的刻度意義、刻度之間的關係、刻度與容（液）量間的連結等理解不足，造成對測量結果的報讀有困難，出現測量結果之數值與單位的錯誤。

四 容量、容積與體積的概念和測量單位的混淆

容量、容積、體積都和物體所占空間的大小有關，部分學生未能釐清容量、容積、體積三者的意義，而生活中三者之測量單位部分相通互用也讓學生混淆。容量本質上乃是容器的內體積，在界定和測量操作上係透過將容器盛裝液體以求得其可盛載的最大量。在這樣的操作下，學生需要理解液體也有體積，其形狀雖會隨容器的形狀改變，但體積並不會變化（液量保留概念）。若學生未能釐清概念間的相互關聯，在學生上便會產生困難與錯誤。

就測量單位來說，體積所使用的是立方公尺、立方公分。容量的測量單位是「公升」、「分公升」和「毫公升」，用以測量水、油、藥液、墨水等液體。至於容積係體積概念，指的是三度空間周界內的體積（即內體積），一般使用立方公尺、立方公分等單位，但是有時也用容量的測量單位「公升」、「分公升」和「毫公升」（例如：生活中以公升標示冰箱的容積）。嚴格來說，測量單位係對應於測量標的的性質，本質上有所區隔。學習活動中也各引入其測量單位與名稱。但因其皆以體積爲核心概念，生活中的實際運用又出現混用的現象。因此，學生也常出現困難與錯誤。

第三節　容量概念的發展與教材安排

　　容量和重量、長度、角度、面積、體積等類似，屬於生活中常用的感官量。如前面章節所述，感官量的學習都需經歷量的初步體驗、量的直接比較、間接比較、普遍單位的認識與比較、測量單位結構的理解等活動，逐步從對該量的認識，再經由比較與測量活動，建立量與測量工具刻度之間的連結，以發展量感並認識測量工具的結構。

壹、容量概念發展的活動層次

　　如同其他的感官量，學生的容量概念發展亦是由經驗、感受逐步發展至思考判斷。容量之學習活動需運用多感官、整合多類型活動引導學生探討，並發展容器、液體與個人及容器與容器間的關係連結。具體而言，容量概念可透過表 5-1 所示三個層次的活動逐步引導學生，逐步提升其理解：

（一）感官層次

主要是透過體驗活動認識容量並建立容量和身體感官的連結。

（二）關係層次

透過比較活動認識容量的差異、形成運用工具進行測量的需求、建立測量工具刻度變化和容量變化（例如：逐次倒入或倒掉液體）之間的關聯。

（三）結構層次

協助學生理解不同容量單位之間的互換關係並理解容量公制單位（例如：生活中常用的公升、毫公升、公秉等容量單位）的結構性關係。

◎ 表 5-1　容量概念發展的活動層次

活動層次	活動重點	對應數學課程綱要之內容指標
感官層次	1. 單一容器內液量變化的體驗活動，發展自己對容（液）量的覺察，形成對容量的基本認識（容量的認識）。 2. 對不同容器容量差異的體驗與覺察，協助學生體驗容（液）量的差異，發展個人對於差異量的覺察（差異量感的體覺）。	**九年一貫：** 2-n-16 能認識容量。 **十二年國教：** N-2-12 容量、重量、面積：以操作活動為主。此階段量的教學應包含初步認識、直接比較、間接比較（含個別單位）。
關係層次	1. 對不同容量的體驗與比較 　(1) 直觀比較：藉助生活中大小差距明顯的容器覺察容器外觀和可盛裝液體量之間的關係。 　(2) 直接比較：透過可直接套入的兩容器直接比較兩容器的容量。 2. 某容器的容量和累加多個容量單位間的關係 　(1) 個別單位認識活動。 　(2) 個別單位的累積活動。 3. 容量單位的累加和刻度變化的關聯。 4. 某容器的容量和不同工具刻度現象間的關係。 5. 容量比較與關係的遞移。	**九年一貫：** 3-n-15 能認識容量單位「公升」、「毫公升」（簡稱「毫升」）及其關係，並做相關的實測、估測與計算。 **十二年國教：** N-2-12 容量、重量、面積：以操作活動為主。此階段量的教學應包含初步認識、直接比較、間接比較（含個別單位）。 N-3-15 容量：「公升」、「毫升」。實測、量感、估測與計算。單位換算。
結構層次	1. 對標準容量單位關係結構的理解 　(1) 認識容量普遍單位（毫升、公升）的活動。 　(2) 以容量普遍單位（毫升、公升）的實測活動。	**九年一貫：** 4-n-14 能以複名數解決量（長度、容量、重量）的計算問題。 5-n-21 能理解容量、容積和體積間的關係。

活動層次	活動重點	對應數學課程綱要之內容指標
	2. 對容量公制單位及不同單位間互換關係的理解 (1) 認識毫升和公升的關係。 (2) 毫升和公升化聚。 (3) 認識毫升、公升、立方公分、立方公尺、cc 之間的關係。	**十二年國教：** N-3-15 容量：「公升」、「毫升」。實測、量感、估測與計算。單位換算。 N-5-15 解題：容積。容量、容積和體積間的關係。知道液體體積的意義。

貳、容量概念的活動類型

　　容量借助容器存在，是一種三維量，但在工具（量筒或量杯）上多為一維刻度的報讀。容量概念的發展和其他感官量相同，主要是透過「體驗」、「比較」和「測量」活動，逐步從容量的認識、直觀與直接比較、間接比較、個別單位、普遍單位認識與測量、單位化聚、計算與應用等活動逐步深化理解。容量概念發展的活動，有下列類型：

■一 體驗活動

　　容量教學首先要讓學生對容量有所認識。如前所述，容量與容器有關，是指可盛裝液體的最大量。因此在教學活動中，需要透過體驗活動引導學生觀察容器中的液量及其變化，進而利用容器盛裝液量的最大限度，引導學生理解容器的容量。

　　容量的體驗活動，應包括下列兩類：

（一）認識液量和變化的體驗活動

　　透過在容器中加入或倒出液體的操作活動，引導學生觀察容器中液量的變化，並結合語言描述、手勢指出等來表示液體的多少（例如：用手指出水在杯內，從哪裡到哪裡）。

（二）容器可盛裝液體最大量的體驗

透過容器中液體（以水較容易取得和操作）的增減，引導學生觀察容器中被水填滿的情形，並同時引導學生討論容器中可以再裝水的空間。當容器裝滿水時，便是該容器可盛裝液體最大量，也就是其容量。

■ 比較活動

容量的比較活動包含透過感官的直觀比較、兩個容器容量的直接比較、透過第三量的間接比較、藉由非標準單位與標準單位（普遍單位）的複製和單位比較等間接比較等。在進行重量的單位化與複製活動之前，必須先引導學生認識容量的保留性。相關活動分別說明如下：

（一）直觀比較

使用大小差異明顯的兩個容器，分別裝滿水，引導學生討論哪一個裝的水比較多。

（二）直接比較

使用大小差異明顯，且小容器可放入大容器內的兩個容器，引導學生討論哪一個容器可以裝比較多的水。討論中，限制學生不能只用眼睛觀察的直覺來判斷，而是需要用操作來說明，以引導學生將小容器套入大容器的作法來說明。

（三）容（液）量保留活動

促進學生的保留概念，可分變形保留概念及分割保留概念。有關變形保留的活動教學，可以準備數個形狀大小不同的杯子，將其中一個杯子裝水，讓學生指出該杯的水量，接著將水倒入另一個杯子中，引導學生討論水有沒有變多或變少，並說明理由（例如：沒有再倒入或倒掉水；可以再倒回原杯子）。教學上可再使用其他杯子重複上述的操作。

有關分割保留的活動教學，可以準備一個大杯及多個小杯。教學活動中，可將大杯中的水倒入多個小杯中，並引導學生討論小杯中的水倒回大杯中，是否會和原來的一樣多。讓學生討論、預測後，再倒回確認。

（四）間接比較：使用其他工具為媒介物來比較

1. 透過倒水活動比較兩個容器的容量（間接比較）：如果二個液量互相遠離又無法移動，或者不能窺視容器內的液量，無法直接比較時，則需透過另一個容器 C 作為媒介，將 A 與 B 的液量，分別倒入 C 容器，進行比較。這樣的比較稱為間接比較。
2. 間接比較可有下列不同的作法：
   (1) 將其中一個容器裝滿水，再倒入另一個容器有或沒有滿出，就可以比較。
   (2) 利用另一個透明容器，將兩個容器分別裝滿水後，倒入這個透明容器，並在此透明容器的液面做記號，就可比較。

（五）個別單位比較

兩個容器的容量比較，可以某較小容器為單位，透過倒入或倒出的操作，由單位數來比較容器的容量。例如：用小杯作為單位，裝滿水連續倒入容器直到裝滿，藉由裝滿該容器的杯數來判定容器的容量並加以比較。

相對地，也可用倒出法來比較不同容器的容量。例如：先將不同容器分別裝滿水，以小杯作為單位，再分別將容器中的水倒入小杯中。透過容器的水共可以倒滿的小杯數來比較。

三 測量活動

（一）普遍單位的測量

在個別單位的比較活動中，由於不同人所用的個別單位不同，容易造成溝通的不便與紛爭，因此就產生了使用普遍單位（例如：毫升、公升）

的需求。

透過直接、間接、個別單位及普遍單位等比較活動，不但可協助學生理解容量測量的意義，也能協助學生發展測量單位的理解和選用合適測量單位的能力。

（二）容量實測與單位結構理解

我國為使用公制單位系統的國家。學生在容量相關的學習活動中，不但需要認識公制系統下的容量測量單位，並以標準測量單位進行實測，也需要理解公制系統下不同測量單位之間的互換關係。具體而言，學生需要能以毫升、公升等進行容（液）量的實測，並以單一單位或兩階單位表示測量的結果，學生也需要理解毫升、公升等常用單位之間的互換關係。在單位的化聚活動中會涉及整數化聚（即 3 公升 500 毫升 = 3,500 毫升），也會涉及小數化聚（即 3 公升 500 毫升 = 3.5 公升）。其中，以小數表示毫升和公升化聚的活動需要配合學生小數概念的發展來進行。

參、協助發展容量量感的活動

學生的估測表現乃是量感的重要指標，也是量的測量概念整合於生活情境的重要素養。根據國內外學者（如朱建正，1999；Joram, 2003; Montague & Van Garderen, 2003; Van den Heuvel-Panhuizen & Buys, 2008）的分析歸納，估測是一種統合知覺、記憶、心理意象、推理等多項認知運作的活動。學生需要藉由視覺觀察、空間知覺與操作動作所發展的經驗為基礎，結合測量經驗找出參照基準，進而對待測量的物件進行心理截割或推論，並使用口語描述估測結果（例如：「大約」、「接近」多少公升等）。因此，測量單位的理解與生活連結、參照基準與估測策略的發展乃是量感發展不可或缺的活動。以下從容量單位的生活連結、參照基準與估測策略的發展兩方面，分別說明。

■一 容量單位的生活連結

「容量」是學生生活中經常接觸的詞彙與概念。日常生活各式容器的標示或飲料、乳品的包裝中都經常能聽到、看到。因此,有關容量量感的培養宜結合學生的生活經驗,協助學生認識容量的單位,並發展對生活物件容量的理解。

老師可以鼓勵學生留意觀察生活中不同容器、包裝飲料上的容量標示,體驗不同容量包裝產品的大小,認識哪些包裝的容量大約是100mL、500mL、1公升、2公升、5公升等。透過生活中物件的容量的標示、個人對於容器大小的觀察與體驗等,協助於學生建立參照,作為估測的基礎。透過生活物體的觀察,學生較容易建立生活中物件的容量連結(例如:一小瓶乳酸飲料大約是100mL;一瓶易開罐飲料是330mL,三瓶易開罐飲料約為1公升;1包鋁箔包運動飲料約500mL,2包合起來約1公升;1瓶紙盒裝的牛奶約為1公升;家庭號飲用水常見的是5公升和6公升包裝等)。這類活動有助於培養學生對生活現象的敏覺,透過細心留意的觀察,有目的地搜尋學習100mL、500mL、1公升的生活素材為容量單位,累積更多的經驗,發展其量感。

■二 參照基準與估測策略的發展

正如國內外研究者所指出,視覺觀察、空間知覺與測量經驗等有助於學生發展參照基準。同樣地,容量量感的培養需結合實測活動,協助學生理解常見容器的容量,並透過某容器與生活經驗中常見容器的容量加以對照,建立學生的參照,作為估測的基準。如前所述,估測能力的發展需要結合測量與生活經驗以找出參照基準,進而對待測量的物件進行心理截割,進而推論出估測的結果。因此,估測活動中,包含了參照基準的選擇和估測策略的應用。教學上便需要引導學生留意觀察生活中,不同物件的容量標示,以協助學生發展參照,並靈活地選擇參照物來估測。例如:從圖5-3所示這些生活常見物品的容(液)量的觀察與接觸經驗,可協助學

容（液）量	生活中常見物品
500 mL	
600 mL	
1 公升	

圖 5-3　生活中常見物件的容（液）量

容（液）量	生活中常見物品
2 公升	 
5-6 公升	 

圖 5-3　生活中常見物件的容（液）量（續）

生建立起多元的參照，有助於容量估測能力的發展。

　　綜合來說，透過多元的活動引導學生對照、比較、反思，有助於學生整合生活經驗和數學概念，發展不同的參照並彈性運用，這些都是發展容量量感的重要活動。

第四節 容量學習活動示例與設計理念

壹、素養導向的容量教學設計理念

　　容（液）量概念、測量與量感的發展，需要整合多重體驗活動以及不同的比較活動與實測，並連結學生的生活經驗，發展其對容（液）量的敏感性和判別能力。教育部（2018）、單維章、鄭章華（2017）則指出，素養導向的學習活動需要考量：(1) 提供學生有感的學習機會，透過現實情境引入教材，營造數學學習需求；(2) 學習任務應具有意義並反映數學思考，引導學生進行探索與發展概念理解；(3) 運用多元表徵，循序漸進呈現數學內容；(4) 讓學生運用相關數學知識與能力解決問題，提出合理的觀點與他人溝通；(5) 學習任務兼具學習和形成性評量的功能，以評估與促進數學學習。因此，引導學生體驗、比較、對照、反思的活動，乃是學習活動中不可缺少的環節。

　　基於上述理念，本章有關容量概念的教學以容量的認識、容量的間接比較與個別單位為例，設計教學活動作為參考。

貳、教學活動示例

■ 活動示例一

領域／科目	數學	設計者	游自達
實施年級	二年級	總節數	本單元共 4 節（此為第一節教案）
單元名稱	容量的認識：可以裝多少水		

設計依據				
學習重點	學習表現	n-I-8 認識容量、重量、面積。	核心素養	數-E-A3 能觀察出日常生活問題和數學的關聯，並能嘗試與擬訂解決問題的計畫。在解決問題之後，能轉化數學解答於日常生活的應用。
	學習內容	N-2-12 容量、重量、面積：以操作活動為主。此階段量的教學應包含初步認識、直接比較、間接比較（含個別單位）。		
教材來源		自編。		
教學設備／資源		各式各樣能裝水的容器、加顏料的水、兩個容量差異明顯的容器（小容器可完全放入大容器內）。		

學習目標
1. 認識容器、容量，並經驗容量、液量的概念。
1-1 辨認各種裝水的容器。
1-2 利用逐次增加與減少水量的活動，初步認識液量。
1-3 利用逐次增加水量到裝滿的活動，認識容器的容量。
2. 進行容量、液量的直接比較。
2-1 透過感官感覺，直接比較兩個差異明顯容器的容量。
2-2 辨認並直接比較兩個差異明顯容器的容量。

教學活動設計		
教學活動內容及實施方式	時間	備註
一、引入主探究問題的情境 上課鐘聲響，學生進教室後，請其先喝水，並詢問學生： 1. 喝水時，使用什麼物品裝水？ 2. 中午喝湯時，用什麼物品裝湯？ 3. 誰的水壺可以裝比較多的水？你怎麼知道？	5	
二、探究與分享活動 活動一：認識容器 老師提問： (1) 我們生活中有哪些物品可以用來裝水、茶、果汁、牛奶等東西？	5	能說出日常生活中，裝液體的容器。

(2) 平常生活中，我們會用到哪些物品來裝水、茶、牛奶這類的飲料呢？	
(3) 我們怎麼稱呼這些可以盛裝飲料的物品？	
(4) 像這樣用來裝水果的籃子是不是容器？（老師出示如下圖之類的籃子圖片）。	能了解容器的意義 學生能辨別不同的容器，並指出鏤空的籃子不能裝液體，不能用來測量液體的體積。

活動二：認識液量
操作與討論：

老師準備一壺加顏料的水以代替果汁，請一位學生實際操作，幫忙倒果汁給客人，其他學生注意觀察杯子裡果汁量的變化情形。   **15**

老師引導進行下列活動：

(1) 請用手比比看，果汁從哪裡到哪裡？　　　　　能比畫出杯子裡果汁所占的空間

(2) 杯子裡還能不能再倒入果汁？
（學生討論回答後，在實際操作之前，老師請學生閉上眼睛，然後在杯子裡倒入一些果汁，再請學生睜開眼睛觀察）　　　　請學生閉眼的目的在於引發學生思考推理飲料高度變化的原因。

(3) 現在杯子裡的果汁和剛才有什麼不一樣？　　能用語言或手勢表示果汁增加了（或變高了）

(4) （老師請學生再閉上眼睛後，從杯子裡倒出一些果汁，再請學生睜開眼睛觀察）現在杯子裡的果汁和剛才有什麼不一樣？　　能用語言或手勢表示果汁減少了（或變低了）

(5) 你怎麼知道果汁減少了？　　　　能描述果汁減少原因（如高度降低、位置變化等）

活動三：認識容器的容量

延續活動二杯子未滿的情境，進行對話討論　　10

(1) 杯子裡還能不能再倒入果汁嗎？

　　（老師再倒入果汁，直到滿杯）

(2) 現在杯子裡有多少果汁？

(3) 現在還可以再加果汁進去嗎？

(4) 如果再倒果汁到杯子裡，會出現什麼結果？

老師歸納：一個杯子裝滿果汁、水、牛奶之
類液體的量，就是這個杯子的容量。

學生可能回答：一杯滿滿
的、一整杯等。

三、綜合活動

1. 老師請學生分享個人在這節數學課所學習到　　5
的重點。

2. 請學生於課後延續探討本節課開始時所提出
的問題：誰的水壺可以裝比較多的水？怎麼
知道？

第一節結束

🖥 活動示例二

領域／科目	數學	設計者	游自達
實施年級	三年級	總節數	本單元共 4 節（此為第一節教案）
單元名稱	公升的認識與估測		

設計依據				
學習重點	**學習表現**	n-II-8 理解長度、角度、面積、容量、重量的常用單位與換算，培養量感與估測能力，並能做計算和應用解題。認識體積。	**核心素養**	數-E-A3 能觀察出日常生活問題和數學的關聯，並能嘗試與擬訂解決問題的計畫。在解決問題之後，能轉化數學解答於日常生活的應用。
	學習內容	N-3-5 容量：「公升」、「毫升」。實測、量感、估測與計算。單位換算。		

教材來源	自編。
教學設備 / 資源	蘋果汁、可樂瓶（2 公升及易開罐）、1 公升容器。

學習目標
1. 認識公升並以其為單位進行實測。 　1-1 認識 1 公升個別單位的意義。 　1-2 以公升為單位進行實測。 2. 以公升為單位進行估測。 3. 以毫升、公升做單位換算、比較。

教學活動設計		
教學活動內容及實施方式	時間	備註
一、引入主探究問題的情境 假日時，建臺邀請同學到家裡玩。建臺的媽媽為了招待建臺的同學，買了一大瓶可樂、1 瓶蘋果汁和一些易開罐的可樂。建臺和同學發現，這些飲料包裝上的容量標示不同。請大家幫忙看一看，這些標示到底是什麼意思？ **二、探究與分享活動** **活動一：認識 1 公升** 1. 實際量量看 　(1) 媽媽買的蘋果汁的包裝上標著「1L」，這罐果汁的容量有多少？	3 5	老師可利用回收的蘋果汁、可樂瓶，清洗後裝入等量的水來代替。

（老師拿出 1 公升容器）		
(2) 這裡有一個方盒子，上面寫著「1 公升」。我們把蘋果汁倒出來看看，是不是可以裝滿這個方盒子。		老師可請學生操作
(3) 想想看，瓶子裡有多少蘋果汁？老師歸納：盒子裡面這麼多的飲料叫 1 公升。這個盒子的容量就是 1 公升。		學生可能說出「1 公升」或「1L」
2. 估估看 班上哪個學生的水壺容量大約是 1 公升？	8	請學生先估估看後，再進行實測檢查。
3. 量量看，誰估得比較正確。		
活動二：公升單位的合成		
1. 討論活動		
(1) 媽媽買的大瓶可樂的包裝上標著「2,000mL」。猜猜看，這瓶可樂有沒有超過 1 公升？	10	請學生自行推想，並請學生說明理由。
（老師拿出 1 公升容器）		
(2) 我們把可樂倒到 1 公升的盒子裡，看有沒有超過 1 公升。		由學生操作
（倒滿 1 公升後，老師拿出第二個容器請學生繼續操作）		能說出二個 1 公升合起來是 2 公升
(3) 這瓶可樂共倒滿幾個 1 公升的盒子？合起來共是幾公升？		
(4) 如果一瓶飲料共倒滿 3 個 1 公升的盒子，合起來共是幾公升？		
2. 估估看，再量量看 班上水桶容量大約是幾公升？	10	
三、綜合活動		
1. 老師請學生分享個人在這節數學課所學習到的重點。		
2. 請學生於課後，繼續探討下列問題：		
(1) 生活中，哪些容器容量是用公升表示？	4	
(2) 家裡的馬桶水箱容量大概是多少公升？		

第一節結束

教育部（2018）。**十二年國民基本教育課程綱要：國民中小學暨普通型高級中等學校數學領域**。臺北市：作者。

單維彰、鄭章華（2017）。**十二年國教數學素養導向課程設計與教學案例**。新北市：國家教育研究院。

鍾靜、朱建正、林素微、魯炳寰（2000）。**國小數學教材分析 —— 重量和容量**。新北市：教育部臺灣省國民學校教師研習會。

第六章

體積的概念與教學

游自達

體積和長度、面積、重量、容量、角度等都是感官量，在學習上有部分類似之處。各個量的學習上都需要認識量的特性、測量工具等，也需要藉由測量活動以掌握該量的性質和內涵。再者，學生也需要理解測量單位之間的關係與結構，並進行化聚。不過，不同的量因其性質和內涵的差異，對學生的學習也各有不同的認知需求與難點。本章針對體積的性質與學習、體積的認知發展與常見的學習困難、體積概念發展與教材安排分別加以分析說明，並提出體積教學的活動設計作為參考。

第一節　體積的性質與學習

「體積」為三維的幾何量，指的是物體占有空間的大小。體積概念包含物體所占外在空間或在液體中排開的空間的外體積和物體所包含的內部空間的內體積兩個部分。Dickson、Brown 和 Gibson（1984）曾指出，體積包含了下列四個不同層面的意義：

1. 外體積（external volume）：乃是不論物體是實心或空心，個體透過視覺所知覺到的物體所占空間的大小。例如：棒球、籃球、積木、箱子、櫃子等所占的空間。

2. 內體積（internal volume）：係指物件內部空間大小，亦即是空心物件的內部容積，一般指的是承裝固體的物件之內部空間大小。例如：盒子內可裝 200 個 1 立方公分的白色小積木，表示盒子的內部容積（即內體積）是 200 立方公分。貨櫃內部空間最多可裝 30 立方公尺的貨物，表示貨櫃的內體積是 30 立方公尺。

3. 液積與容量（liquid volume and capacity）：液積表示液體所占有空間的量，代表液體體積，又稱為液量。容量則是容器的最大裝載量，一般表示可承裝液體的最大量。

4. 排容性體積（displace volume）：不同物體不能同時占有同一空

間，亦即物體所占據空間具有排容性。因此，物體完全沉沒於液體中所排開的液量多少，便表示該物體的體積大小。例如：我們可透過將不規則形狀的石頭沒入裝水的容器來測量該石頭的體積。容器中的水位變化乃是石頭所排開水量，也就是石頭的體積。一般不規則物體的體積測量，便是藉由排容性原理，間接測量而得。

上述有關體積四個層面的意義顯示，體積、容積、液量、容量概念相互關聯，其本質都是體積概念。不同量雖因學生生活經驗、量的性質與使用時機等因素之考量，有學習順序的先後差異，本質上乃是以體積概念加以統整。

綜合而言，體積是具有三維性質的物理量，具有下列特性：

（一）可觀察

探討一個物體的體積時，我們可透過視覺接觸覺察體積的範圍，藉由觀察立體物的表面，具體地指出三維空間區域的邊界。

（二）可比較、分割及合併

由於體積是指物體所占空間的大小，物體的體積大小可以比較。某物體的體積可以透過用較小的立體單位加以堆疊而複製，也可以將其分割為幾個較小的單位；兩物體也可合併成為較大體積的物體。

（三）可加性

由於物體的體積具有保留性，可以透過單位化加以測量，並以單位的合成或分解，表示該物體的體積。

（四）可測量性

體積的可測量性是指我們可以用一個特定大小的立體作為單位，進行物體體積的測量，以掌握該物體是由幾個單位所堆疊而成。這就是「體積」數值化的過程。一般以立方公分、立方公尺為體積的標準測量單位。

（五）可測的不變性（保留性）

一個物體的體積不會因為「形狀改變」、「切割」、「重組」、「方向」、「位置的改變」等的轉換而改變。有關體積的保留性，如表 6-1 之圖示與說明。

↻ 表 6-1　體積的保留性

面向	圖示	說明
形狀改變		物件的體積不因形狀改變而改變。所以，形狀改變前後的體積相同。
分割		未分割前物件的體積與分割後的體積總值相等。
重組		重組前的物件體積總值與重組後的體積總值相等。
位置改變		物件的體積不因擺放位置的改變而改變。所以，位置改變前後的體積相同。
方位改變		物件的體積不因方位擺置的改變而改變。

第二節　體積的認知發展

學生在日常生活中，有相當多機會機會接觸到物體的體積，形成其直觀的經驗。例如：學生從小便有機會接觸到球、水果、積木、種子、石塊等物體，在操作活動中覺察其大小，並以生活語言和他人溝通。這些經驗成為體積概念發展的基礎，也影響正確體積概念的建構。

壹、學生對體積的認知發展

體積是具有三維性質的感官量。物體所占有空間的量雖然可以透過感官覺知，但並不容易用文字或語言加以描述或定義。因此，體積的概念需要透過物體的觀察、操作、堆疊、移動、點數、比較等活動來加以掌握。和其他的感官量類似，學生的體積概念，依下列順序逐步發展。

體積的學習內容涵蓋幾何與測量，學生的概念發展受到空間與測量概念的影響很大。學生對體積意義與特性的了解，影響其體積概念的發展，包括體積的初步概念、保留概念、測量概念、估測概念。

早在上個世紀中葉，Piaget、Inhelder 和 Szeminska（1960）便對學生的體積概念與測量之認知發展，進行系列性探究。其研究結果指出，學生對於量的概念與測量經歷了五個階段的發展，而體積的認識的理解則相對較晚。

1. 初始的直觀時期（約 3-6 歲）：學生缺乏保留概念。當比較兩物體的大小時，學生係藉由視覺直觀進行比較，只專注物體頂端的高矮而忽略其基底的大小。換句話說，學生對於物體體積大小的認識，僅注意高度或長度單一維度。

2. 測量概念的萌發（約 6-7 歲）：學生會利用身體的部位當作工具，進行約略地複製（例如：以手大約地比比看），但並不了解複製時必需維持原量之大小。換句話說，此時乃是測量複製的初始發展。

3. 一與二維量的保留（約 7-8 歲）：學生能使用中介物，透過在中介物上複製長度，進行兩物的長度比較。保留概念的發展上也開始注意兩個維度間的關係。例如：水倒入不同的容器，容器底面較寬時，知道其水平面會較低。但此時期的學生對於三維量的保留仍有困難。例如：學生會認為兩個相同體積的黏土在水中時，其所占的空間會因為形狀（例如：球形或圓柱狀）而有不同，也會認為將一塊黏土分成多個小塊之後，其在水中占有的空間也會改變。再者，學生也會誤認為物體的重量使水位升高，而非其體積。

4. 單位化測量的理解與運用（約 8-10 歲）：能用較小單位與覆蓋的操作，進行長度、面積的測量，但有關「占據空間大小」體積測量則發展相對較為緩慢，對體積的單位化測量仍有困難。

5. 形式運思的測量理解（約 10 歲以後）：累積操作的經驗後，學生開始出現以每層有幾個、共幾層，總共有幾個積木的方式來計算體積，並理解測量三維的長度後，可以用體積公式來計算體積，形成體積公式的理解，並發展出連續（continuity）的概念。

綜合來說，體積因其三維的性質，學生的體念概念發展晚於長度、面積和容量。不過，量的認知發展順序，基本上都是循著量的初始認識、使用媒介物當作間接比較、使用個別單位測量，最後達到能使用公式計算測量的結果。學生的體積測量認知有其發展順序，教學活動的安排必須考量學生的認知發展，提升學生的理解與能力。

貳、常見的學生學習困難與錯誤

由於體積涉及三維空間關係，再加上學生在生活中所經驗的物體和教學物件間的樣態差異，學生對於體積的理解常出現混淆。例如：問題情境中實心或空心物件；中空但封閉、中空但不封閉等不同物件中，體積一詞所指的意涵有些差異。這些差異往往造成學生的混淆，在教學上需要特別注意並加以釐清。

再者，爲了協助學生認識體積並理解測量單位，體積教學都是從規則物件引入，但是生活中的物件往往都是不規則的。學生需要從規則的計數方式推展到一般體積的意義也常有困難。

至於學生在面對體積問題的計算問題時，常因體積概念的理解不足，只是透過公式的記憶和套用來求出物體的體積，有些學生甚至混淆面積、表面積及體積而產生錯誤。在加上部分學生對空間的三維表徵與心理運思能力較不足，無法推想立體圖形中被遮蔽的部分，因此產生解題的困難。

具體而言，學生在體積概念與測量上，常有下列的困難：

一 空間視覺化的困難

體積教材與教學活動常以平面圖形呈現立體形體（即立體物的平面表徵圖，如圖 6-1 所示）。由於立體物的平面表徵圖頂多只能展示三個面，表徵圖會出現另外三個面被隱藏看不見的問題。這樣的視覺呈現形式容易造成未具備正確空間視覺化能力的學生，無法理解平面圖形所呈現立體形體的空間結構，在處理利用單位立方體堆疊體積時，便無法推想立體圖形看不見的部分，發生點數單位立方體個數的錯誤，學生也無法藉由透視圖進行體積的運算。學生的空間視覺化能力便成爲影響學生解題成敗的重要因素。

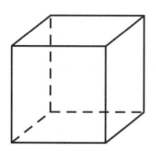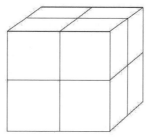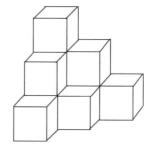

圖 6-1 立體物的平面表徵圖

二 體積與面積概念的混淆

　　體積的概念相對較爲抽象，學生在學習上常出現困難與混淆。部分老師認爲，運用公式符號進行體積的計算是最精簡而有效率的方式，因此往往在學生尚未充分體驗與理解體積意義之前，就教導使用公式，造成學生僅是盲目套用公式或執著於數值上運算，而非實際理解體積、單位與計算公式的意義，因此常出現混淆與誤用。例如：部分學生的體積概念理解不清，加上受到面積概念的影響，因而出現體積、面積、表面積的混淆，把體積當面積計算。再者，有些學生則是不理解體積和面積單位的意義而隨意使用測量單位。

三 複合形體的體積概念與計算困難

　　複合形體的體積是令學生感到頭痛的學習單元，對空間概念較缺乏的學生而言是很大困擾。學生常因體積概念不足，解題時，將體積和表面積二者混淆。

　　複合形體的體積概念與計算需要體積概念、空間視覺化能力、解題策略、多步驟計算等方面能力的整合，因此造成許多學生的困難。學生一方面因爲空間視覺化能力不足，難以透過平面表徵圖掌握立體形體的空間結構，以致無法解題；另一方面則是缺乏計算「複合形體」體積的解題策略。以圖 6-2 的問題爲例，學生常不知要用「分割」、「塡補」或「移補」法來解決問題。學生即使選用了某一特定方法，接著卻常因無法正確找出、算出「分割」或「塡補」後某一形體的長、寬、高，以致解題失敗。就算學生能夠正確找出、算出「分割」或是「塡補」後之形體各部分的長、寬、高，卻常因連乘法的計算能力欠佳而計算錯誤，或因繁雜的計算而產生挫折感，是學生學習數學歷程中的惡夢。

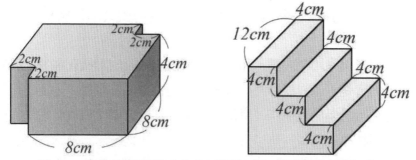

圖 6-2　複合形體體積計算的認知需求，造成學生解題困難

四 不規則物體的體積概念與計算困難

　　不規則物體的體積無法透過體積單位的無縫隙堆疊加以複製，並以單位數來描述該不規則物體的體積。不規則物體的體積測量乃透過排容性體積來間接測量。也就是說，不規則石頭的體積測量，可透過將石頭沒入裝水的容器中，容器中的水位變化便是石頭所排開水量，也就是石頭的體積。相對地，原本就沒入在裝水容器中的不規則物體，將該物體取出後的水位變化，也是該物體的體積。如果學生的測量操作經驗不足，對於水位變化和沒入水中物體的體積之間的關係理解不足，再加上容器內部水面的高度變化有水面上升或下降的不同，便會造成學生的混淆與困難。

五 體積估測的能力弱

　　體積和長度、面積的測量性質不同，學生在解決此三類測量問題的難度亦不相同。體積的估測需要藉由實際操作測量工具所發展而得的量感，以合理估計受測物的體積。相關研究（如黃幸美，2015，2016）顯示，學生在體積的估測表現不如長度與面積的估測。

第三節　體積概念的發展與教材安排

　　體積係三維幾何空間量，和一維的長度、二維的面積在性質上有所不同，但三者皆是可透過感官直接接觸物件而感覺的一個量。上述三種性質的量雖然都可透過測量操作（單位複製與累加計算單位數量）得知量的大小，但不同物體的體積則難以透過疊合進行直接比較。

　　體積和容量、液量等類似，屬於生活中具三維性質的感官量。如前面章節所述，感官量的學習都需經歷量的初步體驗、量的直接比較、間接比較、普遍單位認識與比較、測量單位結構的理解等活動，逐步從對該量的認識，再經由比較與測量活動，建立量與測量工具刻度之間的連結，以發展量感並認識測量工具的結構。體積的概念發展與容量、液量有所不同，體積需要進一步發展對於公式的理解。

壹、體積概念發展的活動層次

　　體積概念、體積的測量與三維空間的幾何概念，相互關聯。其體積計算公式則和代數關聯。如同其他的感官量，學生體積概念的發展亦是由經驗、感受逐步發展至思考判斷。體積的學習活動需運用多感官、整合多類型活動以引導學生探討，並發展體積與學生個人、不同物體體積間的關係連結。具體而言，體積概念可透過表 6-2 所示三個層次的活動，逐步引導學生，逐步提升其理解：

（一）感官層次

主要是透過體驗活動認識體積並建立體積和身體感官的連結。

（二）關係層次

透過比較活動認識體積的差異、形成運用工具進行測量的需求、建立測量單位和體積大小之間的關聯。

🖊 表 6-2　體積概念發展的活動層次

活動層次	活動重點	對應數學課程綱要之內容指標
感官層次	1. 單一物體體積的體驗活動，發展自己身體對體積的基本認識（體積的認識）。 2. 對不同物體體積差異的體驗與覺察，協助學生體驗體積的差異，發展個人對於差異量的覺察（差異量感的體覺）。	**九年一貫：** 4-n-19 能認識體積及體積單位「立方公分」。 **十二年國教：** N-2-12 體積與「立方公分」：以具體操作為主。體積認識基於 1 立方公分之正方體。
關係層次	1. 發展對環境中不同體積的體驗與比較 　(1) 直觀比較：藉助生活中體積差異明顯的物體觀察其體積和外觀現象間的關係。 　(2) 直接比較：將不同物體並置以直接比較兩物的體積大小（透過觀察建立不同物體體積大小的理解）。 2. 發展個人對體積的觀察和單位堆疊操作結果間的關聯（建立觀察經驗和操作結果間的連結）。 3. 某物體的體積和累加多個等體積單位間的關係（建立物體數量變化和感官經驗間的連結） 　(1) 體積的個別單位認識活動。 　(2) 體積的個別單位累積活動。 4. 某物體的體積和測量單位測量結果間的關係。 5. 體積比較與關係的遞移。	**九年一貫：** 4-n-19 能認識體積及體積單位「立方公分」。 5-n-19 能認識體積單位「立方公尺」、「立方公分」及「立方公尺」間的關係，並做相關計算。 **十二年國教：** N-4-12 體積與「立方公分」：以具體操作為主。體積認識基於 1 立方公分之正方體。 N-5-14 體積：「立方公尺」。簡單實測、量感、估測與計算。
結構層次	1. 對標準體積單位關係結構的理解 　(1) 認識體積普遍單位（立方公分、立方公尺）的活動。 　(2) 以體積普遍單位（立方公分、立方公尺）的實測活動。	**九年一貫：** 5-n-20 能理解長方體和正方體體積的計算公式，並能求出長方體和正方體的表面積。（同 5-s-07）

活動層次	活動重點	對應數學課程綱要 之內容指標
	2. 對體積公制單位及不同單位間互換關係的理解 (1) 認識立方公分和立方公尺的關係。 (2) 立方公分和立方公尺的化聚。	5-n-21 能理解容量、容積和體積間的關係。
		十二年國教： N-5-14 體積：「立方公尺」。簡單實測、量感、估測與計算。 N-5-15 解題：容積。容量、容積和體積間的關係。知道液體體積的意義。

（三）結構層次

協助學生理解不同體積單位之間的互換關係並理解體積公制單位（例如：生活中常用的立方公分、立方公尺等測量單位）的結構性關係。

小學數學的體積概念包含：體積的認識與比較、立方體的三維空間概念、體積量的複製與計數，以及理解體積公式（例如：長（正）方體體積公式「長×寬×高」），上述概念亦為高年級兒童需發展的基本能力（參見學習內容指標 N-5-14、N-5-15）。學習體積概念需植基於長度與面積概念，因此，不論是國民中小學九年一貫課程綱要、十二年國民基本教育數學領域課程綱要，體積的學習皆安排於長度與面積的學習內容之後。

貳、體積概念的活動類型

體積的概念對學生而言，乃是抽象而困難的，有些老師則認為運用體積計算的公式是最精簡、最有效率的方式，所以常在學生還沒有理解意義之前，就教導使用公式。造成學生在教學之後僅是複製老師解法、盲目套用公式，或執著於數值上運算，而非實際理解意義，因此如果碰到更複雜、非例行性的問題時，就無法成功的進行解題。概括來說，體積之學習

概念包含保留概念、測量概念與估測概念。這些概念的理解需要透過體驗活動、比較活動、測量活動逐步引導。

一、體驗活動

由於體積係三維性質的量，體積、容積與容量的學習並不容易。學生往往因抽象思考能力不足、表徵能力問題而造成學習困難。因此學生的學習必須儘量從具體物入手，再到圖像，最後才是抽象性思考。

由於形體的空間概念與邏輯推理相當抽象，學習者需透過觀察、觸摸及操作具體物的歷程（例如：堆疊組合積木、繪圖），認知圖形表徵與形體的特性，使用歸納或演繹推理，以語言或文字符號說明定義或原理。欲發展兒童的空間概念與幾何推理思考，教學者必須多方提供幾何觀察、組合、堆疊操作與作圖活動機會。前述活動有助於學生從幾何活動中萃取圖形與立體物的物理特質，建構心像與心理性的操作及反思。具體來說，學生對於圖形表徵和空間想像的認知能力，與其學習體積與體積公式概念具有密切關係。幾何操作與空間探索活動乃是協助學生建構三維空間心像不可或缺的一環。立方體的特徵及其三維空間、堆疊立方單位成立方體的歷程，可以幫助學生學習圖像與空間想像。

二、比較活動

體積的比較活動包含透過感官的直觀比較、兩個物體體積的直接比較、透過複製活動的間接比較、藉由非標準單位與標準單位（普遍單位）的複製和單位比較等間接比較等。在進行體積的單位化與複製活動之前，必須先引導學生認識體積的保留性。相關活動分別說明如下：

（一）直觀比較

當兩物體的大小有明顯差異時（例如：一顆籃球和一顆棒球的大小；一顆棒球和一顆乒乓球的大小等），可引導學生透過視覺觀察，討論哪

一個物體比較大,並引導學生說明「比較大」的意思。另外,也可以透過同一物體體積的動態變化(例如:氣球或游泳圈吹氣之前和之後的變化;放氣前和放氣後的變化等),引導學生覺察與討論物體占有空間的大小變化。

(二)直接比較

由於兩物體無法同時占有同一空間,因此體積較難像長度或面積透過疊合加以直接比較。如果是中空但不封閉的物件(例如:不同尺寸的保鮮盒),可以將小的保鮮盒完全放在大盒內,故小保鮮盒的體積較小。這樣的比較活動屬於內體積的直接比較。至於兩實心或空心封閉的物體大小比較,必須想像一個物體能否納於另一物體內,則相對較為抽象與困難。

此外,如果兩物體皆為長方體,在其中一長方體的長寬高皆大於另一長方體的情況下,可直接比較體積。如果其中的兩維或三維不同,則無法直接比較體積的大小。

(三)體積保留活動

促進學生的保留概念,可分變形保留概念及分割保留概念。有關變形保留的活動教學,可以準備多塊定量的黏土,其中一個不改變形狀以作為參照,另外的黏土分別捏成不同的形狀(例如:球形或長條狀),再引導學生討論變形後的黏土之體積大小是否改變。

有關分割保留的教學,可以將黏土切成不同的小塊,之後再予以組合,並引導學生討論黏土經過分割、再組合後,體積是否有改變。

另外,也可以將一定數量的白色積木堆成不同的形狀(例如:排成接近長條形、階梯狀等),引導學生觀察並討論物體的體積大小有沒有改變。(圖 6-3)

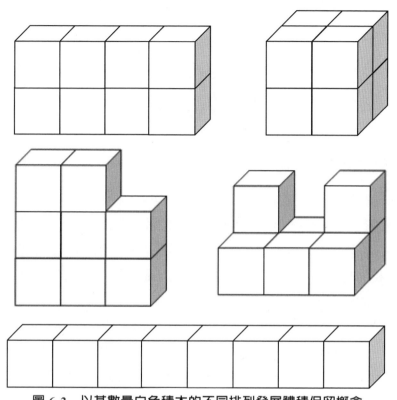

圖 6-3　以某數量白色積木的不同排列發展體積保留概念

（四）間接比較

　　體積的間接比較乃是透過大於或等於兩物體的第三物作為中介，以比較兩物體的體積。其作法如圖 6-4 所示。當無法直接比較 A、B 兩物體的體積時，可複製或堆疊成一個立體物 C，使其和兩物之一的體積大小完全相同，然後再與另一物體進行比較。例如：圖 6-4 中，透過將物體 B 複製成物體 C，再將物體 A 和 C 比較，因為 B＝C，C＞A，所以 B＞A。這樣透過中介物的間接比較活動，不但包含了體積的複製，也涉及了關係的遞移推理。

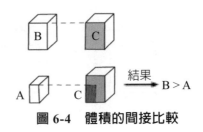

圖 6-4　體積的間接比較

(五) 個別單位比較

　　不論是體積、長度或面積的測量，都需要結合兩個知能：(1) 運用測量單位進行複製或截割；(2) 透過計數單位數量獲得測量結果。就體積測量而言，在選定測量的個別單位後，透過無空隙堆疊的歷程，複製和待測物完全相同的物體，進行等量切割。因此，認識與熟悉測量單位為測量課程與教學的核心，也是發展量感的重要基礎。

　　體積的量化是以全等正立方體做無空隙堆疊以複製「另一物體之後的計數」。體積的個別單位比較係使用大小相同的立體單位（體積單位），複製或堆疊成一個立體物，然後計數立體單位於此三維結構（行、列與層）所組合的數量，所計數得的立體單位總量即為體積量。上述使用立體單位堆疊與計數的活動，本質上乃是長度測量、面積單位覆蓋與計數經驗的延伸。

三　測量活動

(一) 普遍單位的測量

　　體積的普遍單位複製、單位量的點數乃是發展體積測量公式理解的基礎。換句話說，引導學生對體積「單位量的點數」、「單位量的轉換」建立具體了解後，才能慢慢形成體積公式的理解，否則公式只是流於記憶下的計算工具。體積計算的理解，需要引導學生透過完整且連續的實作與記錄過程，經驗從普遍單位的堆疊與複製過程，建立體積單位化的理解，進

而透過單位量的點數、記錄堆疊痕跡、簡化堆疊的過程，從形體的複製到視覺的分析，以培養空間轉換能力。這一連串的活動乃是協助學生發展體積公式意義了解的必要過程。

　　以圖 6-5 中長、寬、高分別為 5cm、3cm、2cm 的長方體體積測量為例，需要引導學生以 1 立方公分積木，先無縫隙堆疊一排以複製長方體的長，再透過 3 排積木複製長方體的底面（合起來共 15 個積木，共 15 立方公分），接著再複製第二層，形成高 2cm 的長方體。最後透過點數單位量來掌握該物體的體積。無縫隙堆疊的複製和點數活動乃是理解體積公式的基礎。

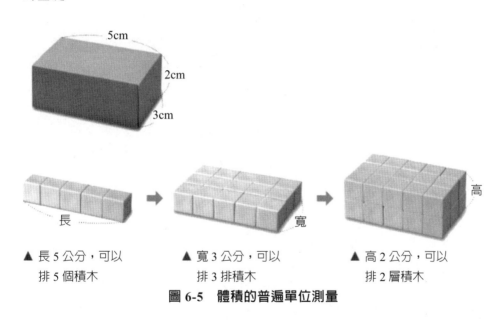

▲ 長 5 公分，可以
　排 5 個積木

▲ 寬 3 公分，可以
　排 3 排積木

▲ 高 2 公分，可以
　排 2 層積木

圖 6-5　體積的普遍單位測量

（二）體積單位結構與公式理解

　　體積概念的發展中，學生透過前述正立方體的單位堆疊，掌握立方單位於長（正）方體內部空間組成的行、列、層結構，並將其轉化成長、寬、高的測量單位，才能將計數的過程公式化。換句話說，透過單位測量

的堆疊過程，理解立體單位在立方體內部堆疊組成的行列與層的結構，乃是體積公式概念學習的核心（如圖 6-6 所示）。此一理解包含三項重要的認知運作：

1. 了解長方體的長、寬、高邊皆被立體單位（1立方公分）等量分割：長邊爲爲 m 公分，可由 m 個 1 立方公分積木組成，其長度被分割成 m 個 1 公分；同樣地，n 公分的寬邊由 n 個 1 立方公分積木組成，其長度被分割成 n 個 1 公分。

2. 底面結構的理解：學生須理解到立方體的底面結構爲「一排有 m 個 1 立方公分積木，有 n 排」或「一列有 n 個 1 立方公分積木，有 m 列」，所以底面有 m×n 個 1 立方公分積木。

3. 了解高邊由 h 個 1 立方公分積木組成，其長度被分割成 h 個 1 公分，當一層的高度爲 1 公分時，高有 h 層。因此，整個長方體即由 m×n×h 個積木組合而成。

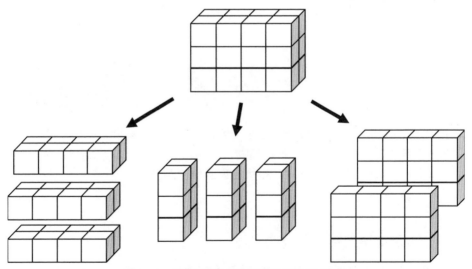

圖 6-6　堆疊活動協助理解立方體結構

綜合來說，認識與理解體積公式的活動需引導兒童觀察立體實物及其二維圖形表徵、操作立體單位的堆疊，討論立方體的性質、三維空間概念及其行、列、層結構，進而推導體積公式。

在形成長（正）方體的體積公式時，老師若能多多引導學生觀察與探究，分析長（正）方體以不同的面作爲底時，底、高、體積之間的關係，不但可協助學生理解長（正）方體可以不同的面爲底（如圖 6-7 所示），也可掌握長（正）方體體積乃是底的總單位數乘以層數（高）（即底 × 高）。這些活動將有助於柱體體體的學習與理解。

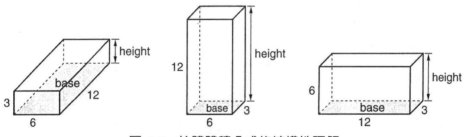

圖 6-7　柱體體積公式的結構性理解

（三）複合形體與不規則物體體積的理解

複合形體的體積概念與計算需要整合體積概念、空間視覺化、解題策略、多步驟計算等方面的能力。爲了協助學生發展對複合形體的體積計算的理解，教學時一方面需要透過普遍單位的堆疊過程，發展學生對複合形體立體物結構的理解，另一方面需要發展空間視覺化能力，並整合解題策略、多步驟計算等方面能力，方能完成解題。

以圖 6-8 的複合形體體積計算爲例，教學上需要透過操作活動，拆解複合形體，協助學生理解立體結構，發展其空間視覺化能力，進而掌握立體結構中的規律；再者，也需要協助學生透過「分割」、「塡補」或「移補」等方法，將不規則形體分割或轉化成一個或多個規則形體。最後結合體積公式和多步驟計算等程序，以完成解題。

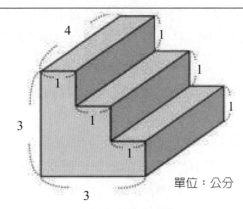

單位：公分

求複合形體的體積

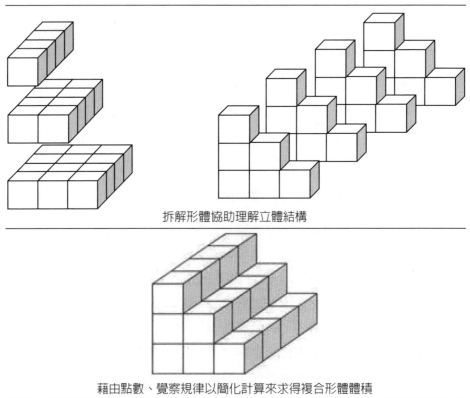

拆解形體協助理解立體結構

藉由點數、覺察規律以簡化計算來求得複合形體體積

圖 6-8　複合形體的拆解與體積計算

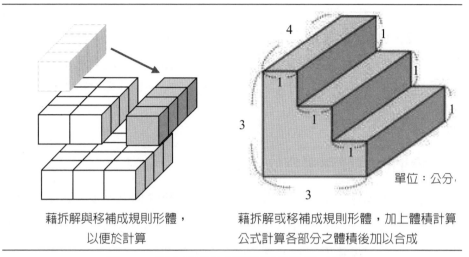

<table>
<tr><td>藉拆解與移補成規則形體，
以便於計算</td><td>藉拆解或移補成規則形體，加上體積計算
公式計算各部分之體積後加以合成</td></tr>
</table>

圖 6-8　複合形體的拆解與體積計算（續）

　　至於不規則物體，則需透過排容性體積的方式加以測量。為協助學生覺察物體的體積和所排開液體體積之間的關聯，教學上需要先以已知體積的規則物投入水中，引導學生觀察容器原有的水量、投入水中的物體體積、物體沒入後的水位變化，以確認投入水中的物體體積和所排開的水體積相等。接著將原本沒入水中的物體取出，並引導學生觀察容器的水量和原本的水量相同。透過這一系列的活動，協助學生理解物體完全沉沒於液體中所排開的液量有多少，便表示該物體的體積大小。

（四）體積、容積、容量概念的統整

　　由於學生生活經驗、量的性質與使用時機等因素之考量，體積、容積、液量、容量等概念，學習的順序有先後之別。不論是九年一貫課程或是十二年國民基本教育課程，容量、液量的認識和測量活動主要在二、三年級進行，體積、容積則在四、五年級進行。五年級則進一步將容量、容積和體積間的關係加以統整。教學上需要引導學生認識體積、容積、液量、容量等量的名稱和定義雖然不同，本質上都是體積概念（參見課綱內

容指標 N-5-15）。換句話說，液量乃是液體的體積，容量乃是容器裝滿液體的量，也就是容器的內體積，也是容積。這些概念相互關聯，都可透過體積概念加以轉化與了解。因此，體積、容積、容量的測量單位，形式雖有差異，但本質上乃是相通的。立方公分、cc、毫升等單位本質相同，立方公尺、公秉等單位亦同。

參、協助發展體積量感的活動

如第四章所述，量感是融合了體驗直觀、概念理解、多元關聯（情境與實作、概念與運算、概念與表徵、不同操作與表徵活動之間的關聯）、後設認知等所發展出的一種直覺。就體積量感而言，學生需要藉由視覺觀察、空間知覺與操作動作所發展的經驗為基礎，結合測量經驗找出參照基準，進而對待測量的物件進行心理截割或推論，並使用口語描述估測結果（如「大約」、「接近」多少立方公分等）。因此，測量單位的理解與生活連結、參照基準與估測策略的發展，乃是量感發展不可或缺的活動。

由於體積具有三維的性質，體積量感的發展並不容易。國內外有關國小學生對於體積估測表現的文獻普遍發現，學生的估測能力不足，估測的表現不如實測作業（參見黃幸美，2015，2016）。不過，估測在生活中的使用機會多於實測。在教學中透過適當的引導以協助學生發展量感，提升其估測能力，乃是量與實測的學習上不可或缺的環節。

就體積而言，體積單位的生活連結、參照基準與估測策略的發展乃是量感發展不可或缺的活動。以下從體積單位的意義與相對大小連結、參照基準與估測策略的發展兩方面分別說明。

■ 體積單位的意義與相對大小的連結

學生在日常生活中，雖然有接觸體積和容積的經驗，但較少有機會使用「體積」、「容積」等專門詞彙和測量單位，因此在教學上更需要引導學生發展體積、容積的概念，也需要協助學生發展對 1 立方公分（cc、 mL）、1,000 立方公分、1 立方公尺等測量單位的理解並建立相對大小的連結。

　　要發展體積量感，學生需要對某個計量單位「有多大」充分的理解，建立其心像，進而成為估測與問題解決時參照的基準。在「體積（或容積）」的教學時，老師需要選擇能增進多元體驗的學習材料，並適時提供鷹架，以協助學生概念理解與量感發展。具體來說，學生需要接觸、觀察邊長 1 公分的正方體，認識該立方體的體積是「1 立方公分」；接觸、觀察邊長 10 公分的正方體，認識該立方體的體積是「1,000 立方公分」；一個容器恰好能夠放進 1,000 立方公分的物體（含液體），其容積就是 1,000 立方公分，也是 1,000 毫升，或 1 公升（如圖 6-9）。學生需要透過實際接觸、觀察、操弄的切身經驗，以形成不同物體體積、容積實際大小的心像。這些實際經驗與心像乃是估測的參照基準，也是量感必要的元素。

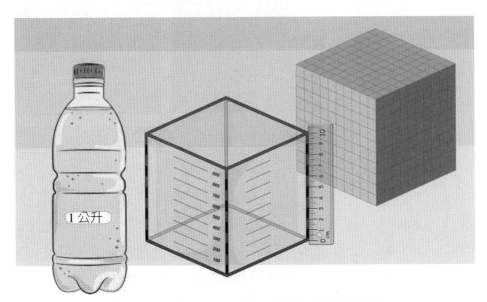

圖 6-9　體積、容積、容量的觀察、體驗與整合

圖片來源：http://alumnosvirginiaperez.blogspot.com/2019/06/volumen-y-capacidad.html

　　至於 1 立方公尺的認識與體驗活動方面，教學上常透過各種形式的操作、體驗活動，引導學生從實作中認識 1 立方公尺。具體的作法包括運用學校常見、邊長 1 公尺的巧拼，由學生分組各自拼出一個 1 立方公尺的正方體，並請學生進到裡面去感受「1 立方公尺」的大小。或使用生活中常見的 PVC 水管，結合三通接頭，製作「1 立方公尺」的框架，再讓學生參照自己的身高、兩臂張開的距離，並進到內部感受空間的大小。教學過程中，老師同時將一立方公尺、1,000 立方公分（1,000 毫升，或 1 公升）的容器、1 立方公分的積木加以並置，讓學生形成相對大小的參照（如圖 6-10）。這類實際的操作、體驗活動，有助於學生產生體感，連結多感官的經驗，強化對空間大小的感覺。不但有助於學生對體積測量單位的理解，也有助於發展體積量感。

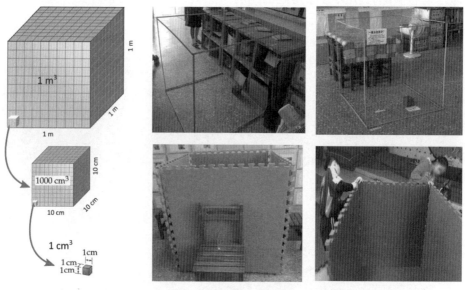

圖 6-10　1 立方公尺的操作體驗活動與不同測量單位的參照

📘 參照基準與估測策略的發展

引導學生將體積普遍單位和生活經驗中物件的大小進行參照比較，有助於學生連結生活經驗，建立參照基準。體積量感的培養需結合實測活動，協助學生理解常見體積的普遍單位，並與生活經驗中常見物體大小加以對照，建立學生的參照，作為估測的基準。如前所述，估測能力的發展需要結合測量與生活經驗以找出參照基準，進而對待測量的物件進行心理截割，進而推論出估測的結果。因此，估測活動中包含了參照基準的選擇和估測策略的應用。教學上便需要引導學生留意觀察生活中不同物體的相對大小，以協助學生發展參照，並靈活地選擇參照物來估測。例如：從圖7-10所示這些生活常見物體為例，一顆花生米的大小大約是 1 立方公分；一顆帶籽的梅子乾的體積大於 1 立方公分，一顆骰子的體積也大於 1 立方公分；一顆紅豆的體積則小於於 1 立方公分。學生常見的橡皮擦體積大約是 8 立方公分。足球外觀的哈哈球巧克力體積大約是 3 立方公分。至於常見的魔術方塊，稍小於 6 公分 ×6 公分 ×6 公分的立方體，體積大約 200 立方公分。

教學上可透過選選看、想想看、比比看等活動，請學生選選看「哪個體積單位比較適合用來描述橡皮擦有多大？」。請學生仔細觀察 1 立方公分的小正方體後，想一想生活中有哪些物體的體積接近 1 立方公分？橡皮擦大概和幾個 1 立方公分一樣大？另外，也可請學生比比看，紅豆、綠豆、黃豆、花生米、草莓、乒乓球、骰子等常見的物品中，哪些物品的體積比 1 立方公分大？哪些比 1 立方公分小？這類的活動有助於學生理解物體體積的相對大小，並強化其大小和體積普遍單位之間的關係。

再者，教學上也可以結合第五章圖 5-3 所示生活常見物品的容（液）量，協助學生建立起體積、容量的關聯和多元參照，有助於體積、容積和容量估測能力發展。藉由容積為 1 公升的立方體容器，以 1 立方公分的白色積木進行堆疊，測量其容積（如圖 6-12），並以 1 公升（1,000 毫升）

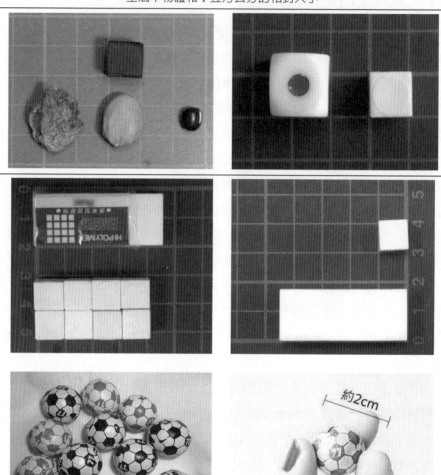

圖 6-11　生活中常見物體和 1 立方公分的大小比較

生活中物體和 1 立方公分的相對大小

圖 6-11　生活中常見物體和 1 立方公分的大小比較（續）

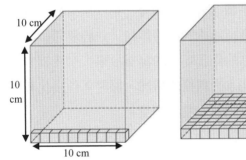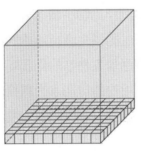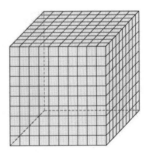

圖 6-12　1,000 立方公分的體積堆疊活動與容積的連接

的水倒入立方體容器中（如圖 6-9），以建立固體體積、容器容積、液體
體積之間的連結。

　　綜合而言，透過體積觀察、操作、比較、測量、相互參照連結等多

元活動活動，引導學生對照、比較、反思，有助於學生整合生活經驗和體積、容積、容量概念，發展不同的參照並彈性運用，形成體積的量感。

第四節　體積學習活動示例與設計理念

壹、素養導向的體積教學設計理念

如前所述，體積具有三維性質，涉及物體所占有空間的量。我們雖然可以透過感官覺知物體的大小，但並不容易用文字或語言加以描述或定義體積的意義。學生需要透過物體的觀察、操作、堆疊、移動、點數、比較等活動來掌握體積的概念。再者，體積的學習需要空間視覺化能力、解題策略、多步驟計算等多方面能力的整合，學習的認知需求較高。因此，相對於其他的量，體積乃是國小量與實測主題中，較晚學習的內容。不論是九年一貫課程或是十二年國民基本教育課程，體積的學習活動主要在四、五年級進行。

本節提供兩個教學案例作為體積概念教學的參考。第一個以體積概念的認識為例，重在引導學生認識生活情境中的物體體積，並經驗體積的保留性；第二個例子則是透過學生熟悉的烏鴉喝水的寓言故事，引入排容體積的認識，再引導學生運用物體排開水的體積的特性，探討水位變化和沒入水中物體體積的關聯，進行不規則物體的體積測量。

貳、教學活動示例

一 活動示例一

領域 / 科目	數學	設計者	游自達
實施年級	四年級	總節數	本單元共 3 節（此為第一節教案）
單元名稱	體積的測量		

設計依據				
學習重點	學習表現	n-I-9 理解長度、角度、面積、容量、重量的常用單位與換算，培養量感與估測能力，並能做計算和應用解題。認識體積。	核心素養	數-E-A3 能觀察出日常生活問題和數學的關聯，並能嘗試與擬訂解決問題的計畫。在解決問題之後，能轉化數學解答於日常生活的應用。
	學習內容	N-4-12 體積與「立方公分」：以具體操作為主。體積認識基於 1 立方公分之正方體。		
教材來源	自編。			
教學設備 / 資源	依據班上學生平日喜歡的球類活動，準備不同大小的球（如乒乓球、樂樂棒球、壘球、躲避球、排球、足球或籃球等）各一個，氣球數個；以 2 公分 ×2 公分 ×2 公分的可連接積木，組合成多塊同樣大小的造型積木；魔術方塊數個。			

學習目標
1. 認識體積

1. 認識體積

  1-1 在生活情境中，透過感官察覺物體的大小與變化。

  1-2 直接比較生活情境中，兩物體體積的大小。

2. 經驗體積的保留性

  2-1 透過堆疊造型活動，經驗物體體積的保留。

  2-2 透過位移活動，經驗物體體積的保留。

3. 認識立方公分

  3-1 從實測活動中，認識 1 個白色積木的體積是 1 立方公分。

  3-2 透過白色積木的堆疊，認識體積的合成。

3-3 透過體積單位的點數，比較體積大小。		
教學活動設計		
教學活動內容及實施方式	時間	備註
一、引入主探究問題的情境 從討論班上學生喜歡的球類活動出發，詢問學生： 1. 最近的體育課，上過哪些球類活動？ 2. 班上同學最喜歡的球類活動是什麼？ 　老師請喜歡不同球類活動的同學分享經驗和心得	5	請學生上臺分享。
二、探究與分享活動 **活動一：認識體積** 　老師提問與學生討論： （老師依據班上同學喜歡的球類，選出最受歡迎的兩種球進行討論） (1) 班上同學喜歡的兩種球類（以樂樂棒球和躲避球為例），哪一種球比較大？ 88mm 樂樂棒球	10	學生能根據經驗，說出比較大的球（如躲避球比較大）。
(2) 用手比比看，樂樂棒球有多大？		能用單手或雙手比出樂樂棒球的大小。
(3) 用手比比看，躲避球有多大？		能用雙手比出躲避球的大小。
(4) X 球比較大，指的是什麼比較大？		能用學生的語詞說出比較大所指的向度。
(5) 想想看，有哪些球比躲避球大？你怎麼知道？ (6) 想想看，有哪些球比樂樂棒球小？你怎麼知道？ 老師說明「躲避球比樂樂棒球大。因此，我們可以說躲避球的體積比較大，樂樂棒球的體積比較小。」並說明體積為物體所占空間的大小。		

活動二：體積的變化

老師拿出氣球，慢慢吹氣球，並透過提問引導學生觀察和討論。　|　5

(1) 用手比比看，現在氣球有多大？

(2)（老師繼續吹氣球後）現在氣球有什麼改變？

能用手比出氣球的大小。

活動三：體積保留的認識（一）

老師課前以 2 公分 ×2 公分 ×2 公分的可連接積　|　10
木組合成多塊同樣大小的造型積木（如以 3 個積
木組合成長方體）提供各組進行操作組合。

老師引導學生用相同大小、相同數量的積木排出
不同的無空隙形體，並透過提問，引導學生觀察
和討論。

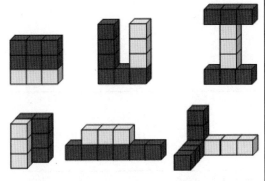

(1) 請各組分享，你們排出哪些不同的形體？

(2) 說說看，各組同學所排出的形體，外形並不
　　一樣。這些形體的大小一樣嗎？你們怎麼知
　　道的？

能指出各組都是用三塊同
樣大小的積木排出來的。

活動四：體積保留的認識（二）

老師拿出每面 3×3 的魔術方塊，各組一個。　|　8

請同學操作並並透過提問，引導學生討論

(1) 魔術方塊經過大家的轉動之後，不同色塊的
位置已經改變。它的體積有改變嗎？

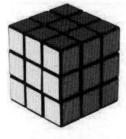

(2) 說說看，你們怎麼知道的？
(3) 想想看，這個魔術方塊是由幾個大小相同的
小方塊組成的？
(4) 小方塊的位置改變，有影響到整個魔術方塊
的體積嗎？

三、綜合活動

1. 老師請學生分享個人在這節數學課所學習到的重
點。
2. 請學生於課後延續探討魔術方塊的由來、有哪些
不同樣式、大小的魔術方塊。

3

能指出只是色塊位置改
變，並未增加新的方塊，
所以體積沒改變。

第一節結束

🔲 活動示例二

領域／科目	數學	設計者	游自達
實施年級	五年級	總節數	本單元共 4 節（此為第一、二節教案）
單元名稱	不規則物體的體積		

設計依據				
學習重點	學習表現	n-III-12 理解容量、容積和體積之間的關係，並做應用。	核心素養	數-E-A3 能觀察出日常生活問題和數學的關聯，並能嘗試與擬訂解決問題的計畫。在解決問題之後，能轉化數學解答於日常生活的應用。
	學習內容	N-5-15 解題：容積。容量、容積和體積間的關係。知道液體體積的意義。		
教材來源		自編。		
教學設備／資源		每組至少 1 個夾鍊袋（至少能裝入 600mL 的水）。 橘色公分公克積木（重量恰為 10 公克的 10 立方公分橘色積木，便於沉入水中）100 個。 1,000 毫升的量筒；2,000c.c. 的保特瓶容器。		

學習目標
1. 認識完全沉入水中的物體體積和所排開水量間的關係。 　1-1 透過操作經驗，覺察已知體積的物體完全沉入水中後的水位變化。 　1-2 在操作情境中，覺察已知體積的物體完全沉入水中後的水位變化和沉沒物體積的關係。 2. 利用「物體的體積等於排開水的體積」測量不規則物體的體積。 　2-1 能透過不規則物體沒入量筒後的水位變化，測量不規則物體的體積。 　2-2 能透過不規則物體沒入容器後的水位變化，測量不規則物體的體積。

教學活動設計		
教學活動內容及實施方式	時間	備註
情境布置 1. 學生分組，每組約 4-5 人。 2. 每組至少 1 個夾鍊袋（至少能裝入 600mL 的水）。 3. 每組有 1 組由公分公克橘色積木所組成的 60 立方公分、以細線綁好的不規則物體。 4. 每組約有 10-15 個白色小積木。 5. 每組容量為 100 毫升和 1,000 毫升的量筒各一個。		

注意事項：如不易準備公分公克積木，老師可於課前在水中加入一些酒精（水：酒精 = 9：1），使水的比重降低，以利積木下沉。	

一、引入主探究問題的情境

1. 從烏鴉喝水的寓言故事出發。   **5**
2. 烏鴉如何能喝到水？
3. 烏鴉真的像寓言故事裡所描寫得那麼聰明，會叼石頭丟入瓶子中來喝到水嗎？
4. 一起看看一些實驗。想想看，烏鴉是怎麼喝到水？背後是什麼原理？

https://www.youtube.com/watch?v = ZerUbHmuY04

二、探究與分享活動

活動一：實驗探究

1. 把一些 1 立方公分的積木放進裝有 10 毫公升水的量筒裡。觀察看看，量筒水位的刻度有什麼變化？   **10**
2. 用鑷子把一些積木夾出來，水的刻度有什麼變化？
3. 說說看，你們發現了什麼？水的刻度變化表示什麼？

活動二：預測與探究

1. 每組有一組古氏數棒。組內同學分成兩隊，輪流擔任問題設計者或解題實驗者。   **10**

   問題設計者在 100mL 量筒中倒入適量的水，並設定投入物體後的目標水位刻度。

   解題實驗者須先預測要投入多少個積木（或不同積木的組合），水位才會到達目標刻度。

   接著再操作檢查預測是否正確。

2. 第二輪操作改變規則   **10**

   問題設計者在 100mL 量筒中倒入適量的水，並已

放入一些積木，要求另一隊同學從量桶中取出一些積木後，達到目標水位刻度。 解題實驗者須先說出要取出的積木個數（或不同積木的組合），水位才會到達目標刻度。接著操作檢查。		
三、綜合活動 1. 老師請學生分享個人在這節數學課所學習到的重點。 2. 請學生於課後探討如何運用本節課所觀察到的原理，用來測量像石塊之類不規則物體的體積。	**5**	
第一節結束		
第四節 **情境布置** 1. 將全班同學分組。 2. 各組備有下列物件： 　(1) 學生自行準備兩個大小相近的小石頭（提醒學生所準備的石頭須可放入量筒內），分別將石頭綁上細鐵絲或細線，並留下一截線以方便操作； 　(2) 容量為 1,000 毫升的量筒（或其他最小刻度為 10 毫升的量筒，並於課前先裝滿 500 毫升的水）； 　(3) 一個 2,000c.c. 的保特瓶容器，將上面一段截去，使成為開口的容器； 　(4) 一支油性筆。		
一、引入主探究問題的情境 1. 回顧前一節課中，烏鴉喝水的寓言故事、積木沉入水中，水位變化的活動經驗。 2. 引導學生回顧：烏鴉運用什麼原理喝到水？	**5**	能說出水位的變化可得知完全沉入水中的物體體積。

二、探究與分享活動

活動一：石頭大小比一比

1. 請各組學生利用桌上的物品，分別測量出兩顆石頭的體積，並比較哪一個石頭比較大。

2. 請學生分享作法和比較的結果。

   學生可能的作法：將小石頭直接置入裝水的筒中，讓石頭完全沉入水中，計算水上升的體積，便是小石頭的體積。

活動二：石頭體積大挑戰

1. 老師拿出一塊大石頭，並說明：這塊石頭沒辦法放進量筒內，我們要怎樣知道它的體積呢？

2. 請各組先討論準備怎麼做之後，分享各組的構想。

   *如果學生提出類似「曹沖秤象」的方法，老師可請學生描述秤象的過程後，請學生共同討論那樣的過程是在秤大象的重量，還是測量大象身體的體積，進而判斷方法的合適性。

3. 各組實際測量。

   學生可能的作法：

   (1) 利用 2,000c.c. 的保特瓶容器，裝入一些水後，先在容器的水位處做上記號，再放入石頭，並在新水位處作記號。接著把石頭拿出來，再用量筒慢慢加水到記號處。加入的水量就是大石頭的體積。

   〔學生提出此方法時，老師應特別加以留意指導。如果剛開始加入的水量不足，放入石頭後，石頭並未完全沒入水中，所測得的結果便不正確。〕

   (2) 把石頭先放進大容器中，再加入水，直到石頭完全沉入。在容器的水位處做上記號，再把石頭拿出來。接著用量筒慢慢加水到記號處。加入的水量，就是大石頭的體積。

10	能利用排容原理測出石頭的體積並加以比較
20	
	能聆聽他組的想法並判斷別人想法的合理性
	能整合排容原理，設計出測量石頭體積的方法

(3) 先將 2,000c.c. 的保特瓶容器放到教室的水桶內，並將保特瓶容器裝滿水，接著把石頭放到容器內，收集溢出水，再用量筒量出溢出水的體積，就是大石頭的體積。	
三、綜合活動 1. 老師請學生分享個人在這節數學課所學習到的重點。 2. 請學生於課後探討如何運用本節課所學到的原理，用來了解自己的身體有多大。	**5**
第四節結束	

參考文獻

朱建正（2000）。小學量與實測教材課程解讀——從八十二年課程標準到九年一貫課程綱要。**翰林文教雜誌，16**，6-19。

朱建正、呂玉英、林昭珍、胡鈺麟（2002）。**國小數學教材分析——體積和角度**。臺北縣：國立教育研究院籌備處。

黃幸美（2015）。體積電子教材設計與教學試驗——小學五年級。**教科書研究，8**(2)，73-106。

黃幸美（2016）。學童估測長度、面積與體積的表現與策略使用之探討。**教育科學研究期刊，61**(3)，131-162。

譚寧君（1997）。面積與體積的教材分析。載於臺灣省國民學校教師研習會（主編），**國民小學數學科新課程概說〔中年級〕——協助兒童認知發展的數學課程**（pp. 175-192）。新北市：臺灣省國民學校教師研習會。

Cooper, L. A. (1990). Mental representation of three-dimensional objects in visual problem solving and recognition. *Journal of Experimental Psychology: Learning, Memory, and Cognition*, 16 (6), 1097-1106.

Dickson, L., Brown, M., & Gibson, O. (1984). *Children learning mathematics: A teacher's guide to recent research.* London, UK: Holt, Rinehart and Winston for the Schools Council.

Piaget, J., Inhelder, B., & Szeminska, A. (1960). *The child's conception of geometry.* London: Routledge & Kegan Paul.

Van den Heuvel-Panhuizen, M., & Buys, K. (2008). *Young children learn measurement and geometry: A learning-teaching trajectory with intermediate attainment targets for the lower grades in primary school.* Rotterdam, the Netherlands: Sense.

第七章

角的概念與教學

林原宏

角是幾何現象所產生的概念，角度則是度量角大小的量。國小學生主要透過視覺來了解角的意義並形成角的心像和定義。角和角度的概念是後續許多平面與空間圖形的學習基礎，國小學生在未接受正式的角概念教學前，透過視覺與觸覺經驗，已經具有一些關於角的直觀經驗。建立在這樣的直觀經驗的基礎上，學生經由正式的教學活動引入角的定義、命名、測量、繪製和解題計算活動。本章先說明角與角度的性質與學習、角的認知發展，再針對國小學生角概念的發展與教材加以探討，最後再提出兩則角學習活動與設計理念以供參考。

第一節　角與角度的性質與學習

角是由兩條射線和共同端點所組成的幾何物件，在國小數學中，此共同端點稱為角的頂點，而兩條射線以線段呈現。所以，角的構成要素是兩條直線邊和其交點（頂點），因此角是幾何量。角的認識主要藉由眼睛感官——視覺來觀察，所以角也是感官量中的視覺量。以頂點為中心，兩線段張開程度即為角的大小，角的大小量化結果即是角度。

角與角度具有下列特性：

（一）可體察性

角是幾何物件的元素抽象化後，可以利用視覺觀察兩條直線邊和其交點，了解角的存在。角的體察方法，也可透過觸覺來體察，例如：摸摸看課桌上的尖尖的部分。惟必須注意的是生活上的角，兩條邊也可以是曲線邊，頂點也可以是圓弧形（像是桌角），但這不是數學定義的角。

（二）可比較性

不同角的大小可以進行線性比較，當兩個角的大小差異較大時，可以

直接透過視覺做判斷。但是當兩個角大小差異無法透過視覺判斷時，可以對齊兩個角的頂點與一邊，再比較另一邊。或是當一個較小的角完全包含在較大的角內部範圍時，形成包含關係來進行比較。

（三）可合成性和可分解性

將多個較小的角合成一個較大的角，同樣的角也可以逆向操作，一個角可以分解成很多個較小的角。在合成與分解的過程中，角度的變化可以透過加法（合成）和減法（分解）計算而得。

（四）保留性

角的大小不會因為旋轉、平移、分割和時空位置等改變而有所不同。角的測量量化結果會因測量單位而有不同的結果表示（例如：國小學習角度，中學學習弧度），但角的大小並不會改變。

第二節　角的認知發展

由於角是視覺量，透過視覺可以觀察兩線段和頂點構成角的存在。角也是幾何量，幾何物件在生活中容易觀察（例如：圖案、圖騰、建築等），角的啟蒙認識，很容易從視覺觀察而覺知。

壹、角的概念屬性覺知與認知

角具有可體察的特性，學生透過觀察生活環境中的建築設計（例如：殘障坡道）、幾何元素抽離（例如：圖形或圖騰）、物件運動（例如：門的旋轉）形成角的覺知，再反思、抽象並歸納這些角，了解角的共同要素是「兩條直線邊和其交點」。學生知道角的存在後，透過指認（指出相交的兩條直線邊）來具體說明角在哪裡。

　　角的保留概念（conservation）是角的複製、比較、測量活動的先備概念，角的保留概念是指角大小不因旋轉、平移、切割、邊長改變等剛性變化而改變，皮亞傑（J. Piaget）指出學生大約在具體運思期（period of concrete operations）才具備角的保留概念，確認學生是否具備角的保留概念，最好在具體的情境中以理由來說明。角的保留概念有下列幾項特徵：

一 角的旋轉與翻轉

　　將角進行旋轉或翻轉後，並不影響角的大小。其理由是因為旋轉或翻轉的操作，旋轉與翻翻轉前後，角的兩線段並沒有張開或內縮的現象，所以角的大小不變。

二 角的平移與位置

　　角沿著直線或曲線移動造成位置的改變，並不影響角的大小。其理由和旋轉或翻轉類似，平移與位置改變前後，角的兩線段並沒有張開或內縮的現象，所以角的大小不變。

三 角的兩邊線段

　　角的兩邊線段長短改變，並不影響角的大小。其理由是線段的長短改變，並不影響角的內部區域或是造成線段的張開或內縮。由於角是視覺量，學生受視覺影響，常會形成「角的邊長愈長，角就愈大」的迷思概念。

四 角的合成與分解

　　角分解後具有保留性，將角分解成多個較小的角，這些分解多個較小角的角度和會等於原來的角。角合成後也具有保留性，將多個較小的角合成一個大角，這個大角的角度等於多個小角的角度和。其理由是角的合成與分解，可透過觀察角的兩線段旋轉（旋轉角）。

五 角的等價與大小遞移關係

　　甲物件的角和乙物件的角重疊時，學生可以知道了甲、乙兩物件的角一樣大，若學生也知道乙、丙兩物件的角一樣大時，此時可以推得甲物件和丙物件的角也是一樣大，這是等價的遞移。以數學的符號表示而言，若已知∠甲 = ∠乙、∠乙 = ∠丙，則可推得∠甲 = ∠丙。同樣地，角也具有大小的遞移，以數學的符號表示而言，若已知∠甲 > ∠乙、∠乙 > ∠丙，則可得∠甲 > ∠丙的遞移關係。角的等價與大小遞移關係，可以透過角的重疊操作比較得知。

貳、常見的學生學習困難與錯誤

　　角是抽離並抽象化後物件的元素所形成的概念，有時角的兩直線邊和頂點，有時必須心理外加而存在，例如：一張紙卡的角，嚴格而言，它的兩直線邊和頂點在視覺上無法察覺，必須依靠心理認定它存在。所以，學生會因經驗、認知等差異，在角的認識、比較、複製和測量等學習過程中，常因認識不足或直覺（intuition）而產生學習困難與錯誤。較常見的有下列各項：

一 角的意義與判斷混淆

　　數學的角和生活的角之意義有些不同，數學所定義的角是兩條直線邊和其交點（頂點）。但在生活上的角、兩條邊也可以是曲線邊，頂點也可以是圓弧形（像是桌角）。而且以視覺或觸覺而言，生活上的角很容易被誤認為角。舉例如圖 7-1。

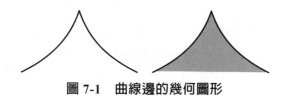

圖 7-1　曲線邊的幾何圖形

角的大小判斷受到無關要素的影響

學生會受視覺影響或對於角的構成要素誤解。學生在進行角的大小判斷時，會受到邊長、內部區域符號的影響，誤認爲「邊長愈長，角度愈大」、「內部區域圖示（記號）愈大，角度愈大」，舉例如圖 7-2。

圖 7-2　角度相同但邊長與內部區域不同的兩組角

角的測量與報讀錯誤

量角器是測量和繪製角的數學工具，學生在使用量角器的過程會發生程序性操作錯誤。以圖 7-3 的量角器圖結構圖示爲例，這些錯誤包括：(1) 角的頂點未能對齊量角器的中心；(2) 角的一邊未能切齊底線；(3) 內外圈報讀錯誤；(4) 角的一邊太短，無法以視覺觀察指向的刻度時，無法做延長線段；(5) 當被測量的角之一線段邊無法切齊底線時，無法彈性量角器測量（例如：可以旋轉被測量的角或將角置於量角器內外圈內測量）。

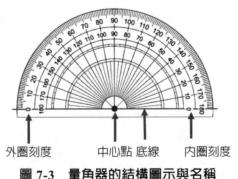

外圈刻度　　　中心點 底線　　　內圈刻度

圖 7-3　量角器的結構圖示與名稱

四 角的量感不足

由於角度大小在日常生活需求感不高，學生往往缺乏角的量感。角可以透過視覺形成心像（mental imagery），而角度可以以直角為參考量，進行對比，當使用量角器進行角的測量或繪製時，先進行估角（以直角為參考量，判斷是銳角、鈍角或大約幾度）再進行角的測量，有助於角度的正確報讀，避免內外圈報讀錯誤。

五 無法處理等量遞移和不等量遞移的推理

量的等量遞移和不等量遞移的推測，需要邏輯推理以及操作的經驗，例如：「若∠甲＝∠乙且∠乙＝∠丙，則∠甲＝∠丙」、「若∠甲＞∠乙、∠乙＞∠丙，則∠甲＞∠丙」的遞移推理，對於缺乏推理邏輯或操作的經驗的學生，往往產生困難。

第三節 角概念的發展與教材安排

由於角是感官量中的視覺量，角概念的發展從感官經驗開始，經歷角的大小比較活動，最後認識測量工具（量角器）的工具結構並進行測量。角與角度的教材發展與安排需依據學生的認知發展，所以在教材安排方面，經由經歷角的初步體驗、直接比較、間接比較、普遍單位認識，認識量角器結構與角的關係，建立角與量角器刻度連結，從而發展量感並進行角的解題活動。

壹、角概念發展的活動層次

學生角的概念係由感官 —— 視覺的圖像經驗感受，反思抽象形成角的定義。角概念的學習活動需運用多重感官和多類型活動的整合來引導學

生，先發展物體與個人進而物體與物體間的關係連結。角概念的發展可透過表 7-1 的三個活動層次，逐步引導學生理解。此三個層次為：

（一）感官層次

透過感官視覺及觸覺觀察生活中的角以及三角板、圖卡等的角，認識角並建立角和自身身體感覺的連結（例如：兩指交叉、曲膝等動作，可形成角）。

（二）關係層次

透過角的比較活動，認識角的大小差異，形成運用量角器工具進行測量的需求，了解量角器工具刻度變化和角的大小變化之關聯。

（三）結構層次

了解量角器 1 大格（10°）和 1 小格（1°）的關係，彈性運用量角器工具測量並能畫出指定角度的角。

⟳ 表 7-1　角概念發展的活動層次

活動層次	活動重點	對應數學課程綱要之內容指標
感官層次	1. 視覺觀察角和觸覺體驗角的活動（例如：看一看這個圖卡哪裡有尖尖的？摸一摸三角板哪裡有尖尖的），以描角、剪紙進行角的複製，發展自己體覺經驗，形成對角的基本認識（角的體覺）。 2. 將幾何物件元素抽離後，形成角的定義（角的構成要素是兩條直線邊和其交點），以及認識角的符號 ∠。 3. 對不同角的大小差異的覺察，發展學生對於差異量的描述（例如：看起來開口比較大，這個角比較大；摸起來比較尖，這個角比較小），了解直角的意義。	**九年一貫：** 3-n-17 能認識角，並比較角的大小。 **十二年國教：** S-3-1 角與角度（同 N-3-13）：以具體操作為主。初步認識角和角度。角度的直接比較與間接比較。認識直角。

活動層次	活動重點	對應數學課程綱要之內容指標
	4. 發展以直角為參考進行角的大小描述（比直角大或比直角小）。	
關係層次	1. 發展角的大小比較方法 　(1) 直接比較：協助學生發展比較兩個角（圖形角）大小的方法。 　(2) 間接比較：兩個角無法並置重疊比較，透過角的複製進行間接比較。 2. 量角器的結構認識（有 18 大格、180 小格），以及角的構成要素與量角器結構的關係。 3. 觀察累加角度和工具刻度變化的關聯（建立角度大小變化和工具刻度變化間的連結）。 4. 某角的兩直線邊在量角器不同位置，其角度不變的關係並報讀。 5. 角的大小比較與關係的遞移。	**九年一貫：** 3-n-17 能認識角，並比較角的大小。 4-s-04 能認識「度」的角度單位，使用量角器實測角度或畫出指定的角。（同 4-n-16） **十二年國教：** S-3-1 角與角度（同 N-3-13）：以具體操作為主。初步認識角和角度。角度的直接比較與間接比較。認識直角。 S-4-1 角度：「度」（同 S-4-1）。量角器的操作。實測、估測與計算。以角的合成認識 180 度到 360 度之間的角度。「平角」、「周角」。指定角度作圖。
結構層次	1. 對量角器單位關係結構的理解 　(1) 1 小格是 $1°$，1 大格有 10 小格是 $10°$。 　(2) 認識銳角（小於 90 度的角）、直角（等於 90 度的角）和鈍角（大於 90 度且小於 180 度的角）。 　(3) 利用量角器測量角度，以直角為參考量，先估測（銳角或鈍角）再測量。	**九年一貫：** 4-s-04 能認識「度」的角度單位，使用量角器實測角度或畫出指定的角。（同 4-n-16） 4-s-05 能理解旋轉角（包括平角和周角）的意義。

活動層次	活動重點	對應數學課程綱要之內容指標
	2. 使用量角器畫出指定的角。 3. 認識旋轉（始邊、終邊和順時針、逆時針）和旋轉角。 4. 利用旋轉認識平角和周角的構成以及其角度，以及其與直角的關係（兩個直角構成平角、四個直角構成周角）。 5. 角的合成、分解與解題。	**十二年國教：** S-4-1 角度：「度」（同 S-4-1）。量角器的操作。實測、估測與計算。以角的合成認識180 度到 360 度之間的角度。「平角」、「周角」。指定角度作圖。 S-4-2 解題：旋轉角。以具體操作為主，並結合計算。以鐘面為模型，討論從始邊轉到終邊所轉的角度。旋轉有兩個方向：「順時針」、「逆時針」。「平角」、「周角」。

貳、角概念的活動類型

　　角與角度是認識並判斷幾何形體的重要構成要素，例如：長方形的定義是四個角都是直角的四邊形。所以，角與角度是學習許多幾何形體定義和性質的重要基礎。角的教學必須先呈現物件後，透過視覺和觸覺體感經驗引導學生觀察物件中的兩條直線和頂點，進而形成角的概念定義。除了舉出多個「正例」以鞏固角的概念，也要呈現「非例」避免錯誤概念的形成。角的構成類型可分為圖形角、張開角和旋轉角，這三種在角的形成與認識、合成與分解計算等引入各有其適用時機。例如：引入角的大小改變過程或認識平角與周角，可以使用張開角的類型。

　　角的複製活動可強化角的概念，可以將圖形角透過「先疊合頂點及一

邊，再比較另一邊」的方式。角的大小比較活動，依循直接比較、間接比較和普遍單位之步驟，一般而言，角的個別單位不易形成且較無需求。角是幾何物件，角度是指角的大小，角的兩條直線邊長短，並不影響角的大小。依據角的大小程度，可區分為銳角（小於 90 度的角）、直角（等於 90 度的角）和鈍角（大於 90 度且小於 180 度的角），這三種角的命名可以作為三角形及多邊形的命名依據，這三種角的大小有助於角度的量感建立。角的度量單位是「度」，對於剛開始學習角度的學生而言，這個符號的記法和讀法較不熟悉，而且 1 度角在視覺上很難察覺它的大小。量角器是測量角和繪製角的數學工具，工具的使用宜和量感的應用呼應相成。角概念發展的活動有下列類型：

一、體驗活動

角概念的形成必須從生活中的物件觀察與體驗出發，不宜直接宣告角的定義，因為感官經驗是直接而且容易形成心像。角的體驗活動應包括下列兩類：

（一）單一物件的角體驗活動，以發展學生對角的視覺心像

引導學生透過看一看、摸摸看等實際體驗活動，形成對角的基本認識以及定義。設計適當的活動，確定並協助學生具有角的保留概念。

（二）對不同物件角差異的體驗，協助發展對角大小差異的描述

引導學生先觀察兩個大小不同的角，看一看哪些地方不一樣，形成角的大小之描述。亦可拿出兩個大小一樣但邊長不一樣的角，說說看這這兩個角大小一不一樣，並說明為什麼。這樣的經驗可作為理解角大小差異的基礎。

▣ 比較活動

認識角的意義並形成角的概念後，透過比較活動了解角的大小並形成測量工具和普遍單位的需求。角的比較活動包含直接比較、間接比較、普遍單位比較等。分別說明如下：

（一）直接比較

兩個角可以重疊並置時，可以進行直接比較操作。將兩個角「先疊合頂點及一邊，再比較另一邊」。如果另一邊重疊，則可以說是這兩個角一樣大；否則，另一邊在外（內）側者的角比較大（小）。角的直接比較也可以透過「包含比」的方式，若∠甲的兩邊都包含於∠乙的內側時，表示∠甲小於∠乙。

（二）間接比較

當兩個角∠甲和∠乙無法並置進行直接比較時，將其中一個角進行複製（例如：描角）至第三中介物（例如：紙張），透過角的遞移性關係比較兩角的大小。另外，如果可以找到第三中介的∠丙，知道∠甲小於∠丙，但∠乙大於∠丙（∠丙小於∠乙），利用遞移關係可推論∠甲小於∠乙。

▣ 測量活動

（一）普遍單位的測量

角的個別單位比較需求感不大，所以普遍單位的引入，通常在間接活動之後，當要告訴他人某角有多大時，即產生了量角器工具的需求。教學上先認識量角器的結構，量角器上有中心點、底線（水平線）、大格和小格，協助學生認識大格和小格的關係後（1 大格有 10 小格），如圖 7-4 所示，在量角器上畫出兩直線邊形成一個角，認識每一小格是 1 度，所以

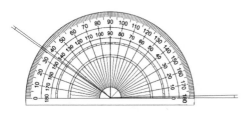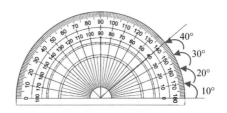

量角器上每一小格所對的
角都是 1 度，記成「1°」。

圖 7-4　量角器的一小格與一大格

一大格是 10 度。在量角器上進行先數大格、再數小格，來測量某角的角度。

　　教學時要讓學生了解彈性使用量角器的能力，可以將被測量的角旋轉使得一邊切齊量角器左側底線（水平線），或因應測量環境或工具的限制，可以將角的一邊切齊另一側底線或將角的頂點置於量角器的中間，進行角的測量活動，如圖 7-5 所示。

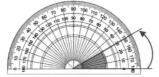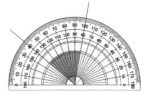

圖 7-5　量角器測量角度的不同方法

　　此外，角的測量教學活動需注意兩點：(1) 先進行估測角的大小，再進行量角器上的角度報讀；(2) 因為 1 小格（1 度）刻度的視覺不明顯，所以在角的測量與報讀上，往往會有誤差。

（二）角的繪製、合成與分解

　　利用量角器可以繪製指定角度的角，繪製角的程序是繪出角的構成要素。如圖 7-6，步驟如下：(1) 先繪出一直線，此直線為角的一邊，並切齊

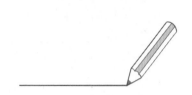

先畫一條直線，它是角的一邊，
再把線的一端當作角的頂點。

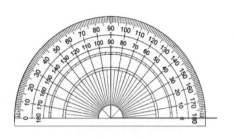

量角器的中心點對準頂點，直
線對齊內圈刻度 0。

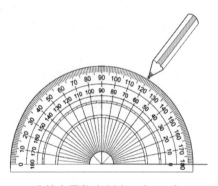

沿著內圈數出刻度，在 60 度
處做一個記號。

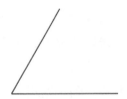

拿開量角器，把頂點和記號連
成一直線。

圖 7-6　利用量角器繪製指定角度的角的步驟

底量角器底線（水平線）；(2) 以此直線的某端點為頂點，在量角器上指
定角度的刻度上點出一點；(3) 拿開量角器，將點出的點與頂點相連，即
形成指定角度的角。

　　透過旋轉角的概念，可以透過兩次順時鐘（或兩次逆時鐘）旋轉進
行角度的合成活動，並用加法算式計算兩個角的合成結果；透過先順時鐘
再逆時鐘（或先逆時鐘再順時鐘）旋轉進行角度的分解活動，並用減法算
式計算兩個角的分解結果，如圖 7-7 所示。生活中也有旋轉角案例可供參
考，例如：教室的門開閉等，可以讓學生體會旋轉角的意義，如圖 7-8 所
示。

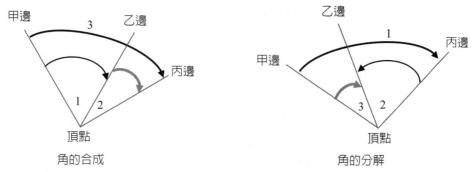

圖 7-7　以旋轉角認識角度的合成與分解

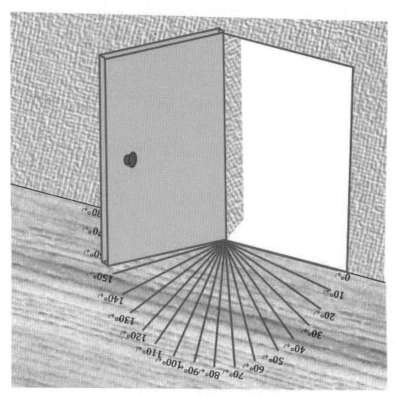

圖 7-8　教室門的打開與關閉觀察旋轉角

參、協助發展角的量感之活動

角的教學要引導學生認識角和其定義,以及發展學生對於角的比較、測量、繪製等操作和理解。此外,發展學生對於角的量感是非常重要的。所謂角的量感,是指對於角的概念和角度大小,能夠形成彈性且有意義的思維。要協助學生發展角的量感的活動,可行的活動列舉如下:

一 感官經驗反思與心像

角的概念可以透過視覺和觸覺的感官經驗而形成心像,所以給予學生多重的感官體驗活動,可以發展角的相關概念之有意義的理解。當角的定義之心像形成之後,可以請學生畫角、手勢、身體屈膝等表示出較大的角和較小的角。如圖 7-9 所示。

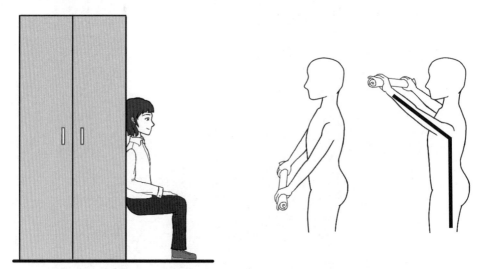

圖 7-9　以身體動作形成角的感官經驗和心像

二 角的命名和詞彙意義連結

數學上在特定角度大小，有特定的命名，此即為數學特有的詞彙，例如：銳角、直角、鈍角、平角、周角等，但這些特有的數學詞彙必須和其意義隱喻相連結。「銳」角的「銳」可解釋為比直角小的角會比較尖「銳」；「直」角的「直」可解釋為兩條線垂「直」產生的角；「鈍」角的「鈍」可解釋比直角大的角會比較「鈍」；「平」角的「平」可解釋為這個是一條水「平」線；「周」角的「周」可解釋為旋轉一「周」所形成的角。透過詞彙詮釋，可以協助學生理解特定角名稱的意義，建立有意義的理解。

三 發展測量的參照與估測

在生活環境的建築物或設備中，直角、平角與周角是重要的參照角，例如：教室的窗戶或桌椅可以發現許多直角，鐘面六點的時針和分針形成平角，分針繞鐘面一圈形成周角。老師可以協助學生在測量角度之前，以直角為參考先進行估測（比直角大或直角小），知道這個角是銳角（小於 90 度）或鈍角（大於 90 度且小於 180 度），這樣就不容易發生量角器的內外圈報讀錯誤。在測量一個大於平角的角（優角）時，可以將這個角分解成一個平角和另一個角，只要測量另一個角的角度再加上平角後，就是這個角的角度；在測量一個大於平角的角（優角）時，也可以只測量另一個角（劣角），用周角減去這個劣角，就是這個角的角度。

第四節　角學習活動示例與設計理念

壹、素養導向的角教學設計理念

　　本章提出兩則活動示例，示例一是角的啟蒙概念與認識，活動設計從生活中常見的物品觀察，透過視覺和觸覺，反思抽象後，歸納出角的定義；示例二是角的合成與分解之測量，活動設計是分別從旋轉角和圖形角的想法，讓學生有多元解題策略（multiple strategy）。

貳、教學活動示例

■ 活動示例一

領域／科目		數學	設計者	林原宏
實施年級		三年級	總節數	本單元共 4 節（此為第一節教案）
單元名稱		角		
設計依據				
學習重點	學習表現	n-II-9 理解長度、角度、面積、容量、重量的常用單位與換算，培養量感與估測能力，並能做計算和應用解題。認識體積。	核心素養	數-E-B1 具備日常語言與數字及算術符號之間的轉換能力，並能熟練操作日常使用之度量衡及時間，認識日常經驗中的幾何形體，並能以符號表示公式。
	學習內容	S-3-1 角與角度（同 N-3-13）：以具體操作為主。初步認識角和角度。角度的直接比較與間接比較。認識直角。		
教材來源		自編。		
教學設備／資源		三角板、紙卡、圖案、空白紙張。		

學習目標
1. 連結感官經驗認識角（圖形角）。
2. 體驗描角活動體驗並複製角。
3. 操作了解角的大小。

教學活動設計		
教學活動內容及實施方式	時間	備註
一、引起動機 1. 分組活動，每組一包材料（內含角的正例與非例）。 2. 詢問學生有沒有聽過「角」？ 3. 引導學生發表每組發下去的東西，有沒有發現「角」？ 4. 請用手指出來角在哪裡？ 角的兩邊接在一起的點，叫作頂點。 角有一個頂點，兩個邊。 **二、發展活動** **活動一：描角及角的定義** 1. 描角活動：請各組找出三個物品的角，並將它描下來。 (1) 描角時，兩邊長度、開口方向都可以自己決定嗎？	**10** **25**	請學生分組上臺發表。

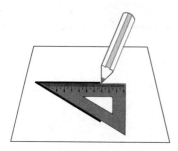

角的兩邊長要畫多長才可以呢？

角的兩邊長度不影響角的大小，
要畫多長都可以。

　(2) 說說看，描下來這些角有哪些相同的地方？

2. 角的定義

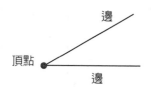

角的兩邊接在一起的點，叫作頂點。
角有一個頂點，兩個邊。

角是由 1 個頂點和 2 個邊所組成。
角的 2 個邊一定是直線。

活動二：利用張開角觀察角大小

1. 利用扇子、鉛筆，觀察角的大小改變。

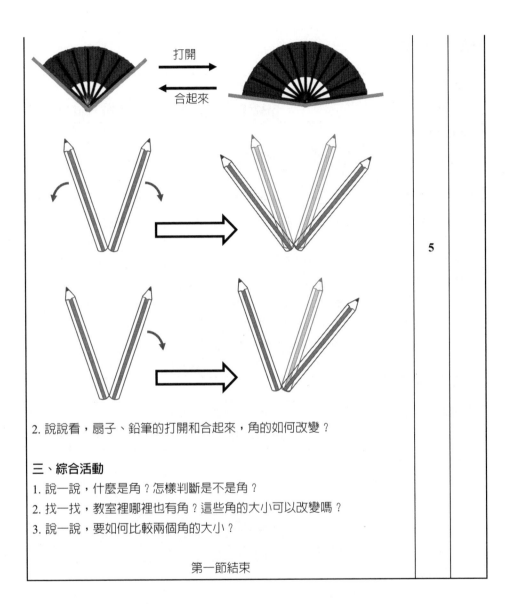

2. 說說看，扇子、鉛筆的打開和合起來，角的如何改變？

三、綜合活動

1. 說一說，什麼是角？怎樣判斷是不是角？

2. 找一找，教室裡哪裡也有角？這些角的大小可以改變嗎？

3. 說一說，要如何比較兩個角的大小？

第一節結束

二 活動示例二

領域／科目	數學		設計者	林原宏
實施年級	四年級		總節數	本單元共 5 節（此為第一節教案）
單元名稱	角度			

設計依據				
學習重點	學習表現	n-II-9 理解長度、角度、面積、容量、重量的常用單位與換算，培養量感與估測能力，並能做計算和應用解題。認識體積。	核心素養	數-E-B1 具備日常語言與數字及算術符號之間的轉換能力，並能熟練操作日常使用之度量衡及時間，認識日常經驗中的幾何形體，並能以符號表示公式。
	學習內容	S-3-1 角與角度（同 N-3-13）：以具體操作為主。初步認識角和角度。角度的直接比較與間接比較。認識直角。		
教材來源	自編。			
教學設備／資源	三角板、量角器、透明片、軟鐵絲（有顏色）。			

學習目標
1. 體驗角的合成與分解。 2. 計算兩個角合成後的角度。 3. 計算兩個角分解後的角度。

教學活動設計

教學活動內容及實施方式	時間	備註
一、引起動機 1. 分組活動，每組兩套量角器。 2. 先量出各種三角板每個角的角度？ 3. 將兩個三角板並置成一個角，用量角器量量看角度？ 4. 說說看，不用量角器測量，你怎麼知道兩個角並置起來的角度？	**15**	

（　　）度

（　　）度

（　　）度　（　　）度

（　　）度　（　　）度

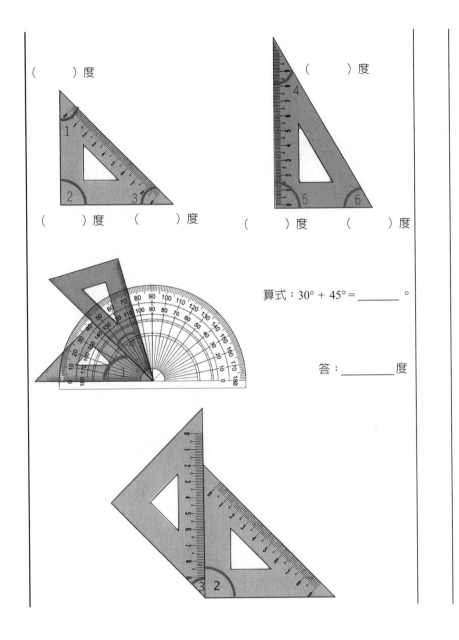

算式：30° + 45° = ＿＿＿＿ °

答：＿＿＿＿度

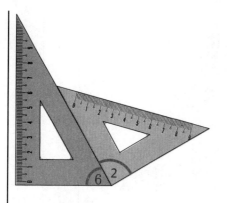

二、發展活動

活動一：圖形角合成的角度

1. 分組活動，每組一包塑膠片（有顏色）。

2. 先量一量每個塑膠片的角度。

3. 將兩塑膠片並置成一個角，用量角器量量看角度？

4. 說說看，不用量角器測量，你怎麼知道兩個角並置起來的角度？

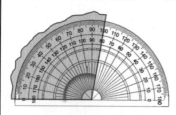

角 1 =＿＿＿＿度。

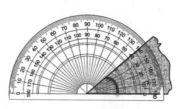

角 2 =＿＿＿＿度。

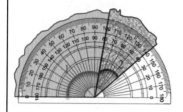

活動二：旋轉角合成與分解的角度

1. 分組活動，每組一包軟鐵絲（有顏色）。

2. 旋轉角合成：將軟鐵絲放在量角器下方，如下圖，先順時針旋轉角度 ∠1，再順時針旋轉角度 ∠2。列式算算看，∠3 是幾度？在量角器上讀出 ∠3 是幾度？說說看，比較看看算式結果和報讀有沒有一樣？

3. 旋轉角分解：將軟鐵絲放在量角器下方，如下圖，先順時針旋轉角度∠1，再逆時針旋轉角度∠2。列式算算看，∠3是幾度？在量角器上讀出∠3是幾度？比較看看算式結果和報讀有沒有一樣？

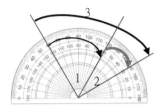 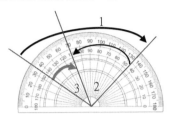

三、綜合活動

1. 分組解題，利用算式算算看下列各題的角度是幾度？

2. 上臺發表討論。

5

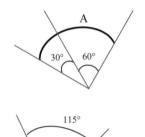

角 B = 35°，角 C = 65°

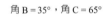
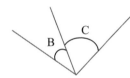

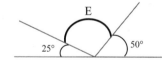

第五節結束

參考文獻

李源順（2014）。**數學這樣教──國小數學感教育**。臺北市：五南圖書出版公司。

林碧珍主編（2020）。**國小數學教材教法**。臺北市：五南圖書出版公司。

甯平獻主編（2010）。**數學教材教法**。臺北市：五南圖書出版公司。

謝堅主編（2003）。**國民小學數學教材原型 B 冊**。新北市：國家教育研究院。

國家圖書館出版品預行編目資料

素養導向之國小數學領域教材教法：量與實
測／林原宏，袁媛，游自達著. ——初
版.——臺北市：五南圖書出版股份有限公
司，2021.09
　面；　公分
　ISBN 978-626-317-011-7（平裝）

1.數學教育　2.教學法　3.小學教學

523.32　　　　　　　　　　110012173

1I4N

素養導向之國小數學領域
教材教法：量與實測

主　　　編 ― 陳嘉皇（260.8）

作　　　者 ― 林原宏、袁媛、游自達

發 行 人 ― 楊榮川

總 經 理 ― 楊士清

總 編 輯 ― 楊秀麗

副總編輯 ― 黃文瓊

責任編輯 ― 李敏華

封面設計 ― 姚孝慈

出 版 者 ― 五南圖書出版股份有限公司

地　　　址：106台北市大安區和平東路二段339號4樓

電　　　話：(02)2705-5066　　傳　　真：(02)2706-6100

網　　　址：https://www.wunan.com.tw

電子郵件：wunan@wunan.com.tw

劃撥帳號：01068953

戶　　　名：五南圖書出版股份有限公司

法律顧問　林勝安律師事務所　林勝安律師

出版日期　2021年9月初版一刷

定　　　價　新臺幣280元

經典永恆・名著常在

五十週年的獻禮 —— 經典名著文庫

五南，五十年了，半個世紀，人生旅程的一大半，走過來了。

思索著，邁向百年的未來歷程，能為知識界、文化學術界作些什麼？

在速食文化的生態下，有什麼值得讓人雋永品味的？

歷代經典・當今名著，經過時間的洗禮，千錘百鍊，流傳至今，光芒耀人；

不僅使我們能領悟前人的智慧，同時也增深加廣我們思考的深度與視野。

我們決心投入巨資，有計畫的系統梳選，成立「經典名著文庫」，

希望收入古今中外思想性的、充滿睿智與獨見的經典、名著。

這是一項理想性的、永續性的巨大出版工程。

不在意讀者的眾寡，只考慮它的學術價值，力求完整展現先哲思想的軌跡；

為知識界開啟一片智慧之窗，營造一座百花綻放的世界文明公園，

任君遨遊、取菁吸蜜、嘉惠學子！